历史的丰碑丛书

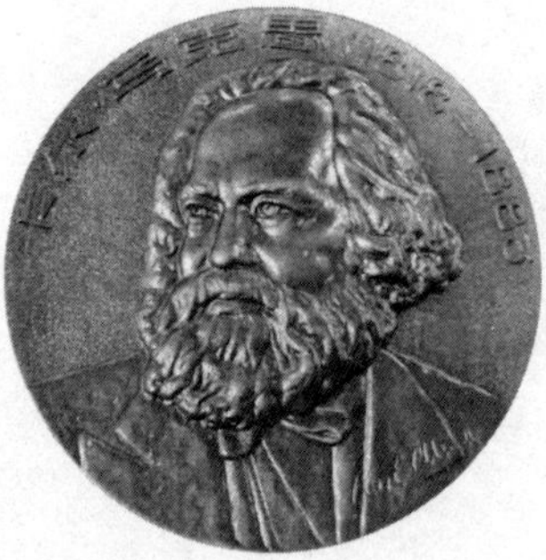

思想家卷

现代人类的导师
马克思

周亚东　编著

吉林人民出版社

图书在版编目(CIP)数据

现代人类的导师——马克思 / 周亚东编著 . -- 长春：吉林人民出版社，2011.4（2021.8 重印）

（历史的丰碑丛书）

ISBN 978-7-206-07605-3

Ⅰ.①现… Ⅱ.①周… Ⅲ.①马克思，K.（1818～1883）—生平事迹—青年读物②马克思，K.（1818～1883）—生平事迹—少年读物 Ⅳ.① A712-49

中国版本图书馆 CIP 数据核字 (2011) 第 038182 号

现代人类的导师 马克思
XIANDAI RENLEI DE DAOSHI MAKESI

编　　著：周亚东
责任编辑：郝晨宇　　　　　封面设计：孙浩瀚
制　　作：吉林人民出版社图文设计印务中心
吉林人民出版社出版 发行（长春市人民大街7548号 邮政编码:130022）
印　　刷：北京一鑫印务有限责任公司
开　　本：787mm×1092mm　1/16
印　　张：8　　　　　　　　字　　数:72千字
标准书号：ISBN 978-7-206-07605-3
版　　次:2011年4月第1版　印　　次:2021年8月第2次印刷
定　　价:35.00 元

如发现印装质量问题，影响阅读，请与出版社联系调换。

编者的话

"欲知大道，必先为史"。

回溯人类的足迹，人们首先看到的总是那些在其各自背景和时点上标志着社会高度和进步里程的伟大人物。他们是历史的丰碑，是后世之鉴。

黑格尔说："无疑，一个时代的杰出个人是特性，一般说来，就反映了这个时代的总的精神。"普希金说："跟随伟大人物的思想是一门引人入胜的科学。"

以史为鉴，面向未来。作为21世纪的继往开来者，我们觉得，在知史基础上具有宽广的知识结构、开阔的胸襟和敏锐的洞察力应是首要的素质要求，而在历史的大背景

◆ 历史的丰碑丛书

中追寻丰碑人物的思想、风范和足迹，应是知史的捷径。

考虑到现代人时间的宝贵，我们期盼以尽量精短的篇幅容纳尽量丰富的信息，展现尽量宏大的历史画卷和历史规律。为此，我们编撰了这套丛书。

编撰丛书的过程，也是纵览历代风云、伴随伟人心路、吸收历史营养的过程。沉心于书页，我们随处感受着各历史时期伟大人物所体现的推动历史进步的人类征服力量。我们随着伟人命运及事业的坎坷与辉煌而悲喜，为他们思想的深邃精湛、行为的大气脱俗而会意感慨、拍案叫绝。

然而，在思想开始远游和精神获得享受的同时，我们也随之感受到历史脚步的沉重

编者的话

和历史过程的曲折。社会每前进一步都是艰难的，都伴随着巨大的痛苦和付出。历史的伟大在于它最终走向进步，最终在血污中诞生了鲜活的"婴孩"。

历史有继承性和局限性，不能凭空创造。伟人也有血肉，他们的思想、行为因此注定了同样具有历史的局限性和阶级的、时代的烙印；他们的功业建立于千千万万广大人民群众伟大创造的基础上。历史是人民群众创造的，伟大的人物们是历史和时代造就的。同时，我们也无法否定此间他们个人的努力。这也正是我们编撰这套丛书的目的。

我们期盼着这套丛书得到社会的认同，对读者，特别是青少年读者之历史感、成就感和使命感的培养有所裨益。史海浩瀚，群

◆ **历史的丰碑丛书**

星璀璨。我们以对广大青少年读者负责的精神，精心遴选，以助力青少年成长进步，集结出版了《历史的丰碑》系列丛书，敬请读者批评、指正。

历史的丰碑丛书

编委会

策　划：胡维革　吴铁光
　　　　林　巍　冯子龙

主　编：胡维革　邴万生

副主编：贾淑文　谷艳秋

编　委：（按姓氏笔画为序）
　　　　于二辉　刘士琳
　　　　刘文辉　孙建军
　　　　李艳萍　吴兰萍
　　　　杨九屹　隋　军

"时间在飞逝，奔驰向永恒。你若是永恒，它与你同在。"这一出自18世纪德国大诗人席勒的诗句，用在马克思身上，是不为过分的。他虽然早已长眠在伦敦的海格特公墓，但他的英名和事业却是永恒的，他将与时间同在。

　　马克思从小立志，抱负远大。无论是在校的学习生活，还是走向社会后的艰难探索，他都倾注了极大的热情，付出了无比艰辛的劳动。他一生努力探索，不畏邪恶，坚持真理，无愧于自己的人生选择。他是令人敬仰的伟大思想家，当之无愧的现代人类的导师。

目 录

远大的抱负　　　　　　　　◎ 001

年轻的博士　　　　　　　　◎ 013

24岁的主编　　　　　　　　◎ 029

新世纪观的曙光　　　　　　◎ 042

经受革命的洗礼　　　　　　◎ 055

贫困的流亡生活　　　　　　◎ 067

经过千辛万苦写成的书　　　◎ 080

活到老，学到老　　　　　　◎ 092

英名永垂不朽　　　　　　　◎ 105

历史的丰碑丛书

现代人类的导师　**马克思**

远大的抱负

> 如果我们选择了最能为人类福利而劳动的职业，我们就不会被它的重负所压倒。
> ——马克思

在德国西部的莱茵省境内，有座历史悠久的文化古城——特利尔。这里四面环山，气候宜人，风景优美，清澈的摩塞尔河水流经市区，蜿蜒曲折地向东北汇入欧洲著名的莱茵河。靠近河畔的布吕肯大街上，有一幢整洁朴素的两层小楼，淡黄色的墙壁，棕褐色的门楣，乳白色的窗扉，在初夏朝阳的映衬下显得格外美丽典雅。世界无产阶级的革命导师、科学共产主义的创始人卡尔·马克思，1818年5月5日就诞生在这里。

→马克思

思想家卷　001

马克思的父亲亨利希·马克思是个犹太人，是特利尔高等上诉法院的律师兼公证人。他在当地有很高的声望，深受人们的尊敬，曾被推举为特利尔律师公会会长，还获得司法参事的荣誉称号。他原来信奉犹太教，后改信新教。马克思的父亲虽然以律师公证为业，但也喜爱古典文学和哲学，尤其推崇莱辛、伏尔泰与卢梭等资产阶级启蒙思想家的著作。正像他孙女爱琳娜在回忆中所说的，他是"一个真正的18世纪的'法国人'……他能背诵伏泰尔与卢梭的作品"。他思想开明，同情人民疾苦，向往国家统一与社会进步。马克思从小就受父亲的良好影响。马克思称赞父亲是一个"以自己的纯洁品德和法学才能出众"的人，对父亲怀有深厚的感情，以至他父亲1838年去世后，马克思一直把他父亲的照片装在贴胸的衣袋里，以示对老人的深切怀念。

←马克思故居

马克思的母亲罕丽达·普雷斯堡是荷兰人，虽然没有高深的文化知识，但确实是一位好妈妈，很会操持家务。她所关心的，主要是如何使家人身体健康，生活舒适。马克思在给父亲的信中曾满怀深情地谈到母亲的一生"整个儿地贡献给了爱与忠诚"。但在精神生活方面，她的确未能成为马克思的知心人。她并不关心儿子有什么崇高的志向，更无法理解儿子献给人类解放事业的赤子之心。

马克思的母亲生育了多名子女，他的哥哥在马克思出生的第二年就夭折了，他的两个弟弟和两个妹妹也死得很早。因此马克思成了家庭的长子，深得父母的钟爱。

马克思小时候身健体壮，精力旺盛。一双炯炯有

→马克思故居

↑ 马克思和恩格斯

神的眼睛，显得天资聪颖；一头蓬松的黑发，格外惹人喜欢。他常常别出心裁地想出各种花样，带领小伙伴们一起玩耍，又不时地讲起许多娓娓动听的故事，让小朋友们开心。

在马克思的童年伙伴中，有一个聪明美丽的姑娘——燕妮。她就是威斯特华伦男爵的爱女。马克思的父亲同燕妮的父亲是知交，因为两家住得较近两家孩子也成了好朋友。男爵十分喜爱马克思，把他当作自己的学生和朋友。马克思也非常敬重男爵，把他当作自己的师长和第二个父亲。马克思的第一部学术著作即博士论文，就是献给这位老人的。

现代人类的导师　**马克思**

←古朴的德国建筑

马克思与燕妮年龄上相差4岁，但因两个人经常在一起游玩，可称得上是青梅竹马，两小无猜。他们彼此信任，互相倾慕，友谊的种子已深深植入两人的心灵中，从而为他们后来走到一起，共同生活奠定了坚实的基础。

19世纪初期的德国是一个四分五裂的封建专制国家，境内共有34个邦和4个自由城市。各邦都是独立的，各有自己的政府、议会和军队，还有自己的关卡和货币。在这大大小小的38个邦和自由城市中，普鲁士和奥地利是两个最大的邦。在各邦专制制度的统治下，工人阶级和其他劳动人民受着地主和资本家双重剥削和压迫，生活异常困苦。马克思故乡摩塞尔河一带的农民，大部分都种植葡萄。他们在陡峭的山岭中开垦葡萄园，酿造葡萄酒。虽然他们成年累月地辛苦劳动，但生活却非常贫困。这情景从小就深深刻在马克思的心中，尽管他当时还无法理解其中的原因，可

他却很同情劳动人民的遭遇、希望勤劳的人们都能过上幸福的生活。

1830年10月,马克思被他父亲送进家乡的特利尔中学。这是他生活中的一个转折。他开始系统地学习科学文化知识,开始接触社会并思考人生的道路。

马克思的同学多半是有钱人家的弟子,也有一些来自手工业者和农民的家庭。他们都希望将来能当上牧师或走上仕途之路。马克思是全班最小的一个学生,可他的学习却最努力。凡是能使他增长知识的东西,他都努力去学,遇到了困难,他就以顽强的毅力去克服。所以,马克思的学习成绩非常出色,独立思考能力也是全班最好的一个。

语文课是基础,马克思很重视对这门功课的学习,他对语法知识掌握得非常好,作文写得也很出色。

← 德国莱茵河畔的城堡

他写的作文主题明确，结构严谨，语句流畅，见解独到，因此曾多次受到老师的赞扬。

由于刻苦努力，马克思的外语成绩提高得也很快。老师的评价是：不经过准备就可以流畅准确地翻译和解释拉丁语古典作品中较容易的部分，如稍加准备，即使是较难的地方，也可以达到流畅准确的程度。马克思对希腊语掌握得像拉丁语一样好，对法语也产生了浓厚的兴趣。他中学毕业时拉丁语考试写了一篇作文，显示了优秀的外语水平和运用能力。在马克思的中学毕业证书上，关于德语、法语、拉丁语和希腊语的成绩，不是写着"非常好"，就是写着"相当流利"。马克思后来所以几乎能够阅读欧洲所有国家的文

→ 特利尔——德国最古老的城市之一

←德国建筑

字，与他这种刻苦学习外国语的精神是分不开的。

特利尔中学校长约翰·维滕巴赫是个知识渊博的历史学家，他亲自讲授历史课，使马克思对历史产生了浓厚的兴趣，获得了"相当令人满意的知识"；维滕巴赫校长还是个思想进步的自由派人士，他反对宗教蒙昧主义，崇尚科学和理性，努力引导学生培养高尚的品德、追求自由进步，对马克思的思想产生了积极的影响。

当时特利尔城有个进步的文化团队"文学俱乐部"，它是特利尔自由派的活动中心。马克思的父母和维滕巴赫校长都是这个俱乐部的成员。1834年1月，该俱乐部为欢迎莱茵省议会中自由派议员举行了一次

宴会游行。在游行时，人们纵情地唱起了《马赛曲》和《巴黎人》等革命歌曲。这是自由派人士对封建专制统治的示威。反动当局对此惶恐不安，立即采取了镇压措施。俱乐部受到了警方的严密监视，一些进步人士也因参加游行而被逮捕、受到审讯。马克思的父亲因在宴会上发表了一篇带有自由主义色彩的温和演说也被秘密传讯。马克思的希伯来语老师施涅曼因参加游行和唱革命歌曲受到了严厉训斥。马克思的数学和物理老师施泰因格尔因信仰无神论和唯物主义受到指责。维滕巴赫校长因此被当局看成可疑人物，打算撤他的职，但又慑于他的威望和影响，只好任命一个反动的家伙担任特利尔中学的副校长，以监视校内政治活动，加强对师生的思想。

马克思从这些耳闻目睹的事件中看到了普鲁士制度的黑暗。他深切同情进步师生，尤其尊敬维滕巴赫

→德国摩塞尔河

校长，甚至毕业时，还打算写一首诗向这位老人表示敬意。毕业离校前夕，马克思向师长们一一辞行，以报答他们多年教诲之情。但他唯独不到副校长的家去拜访，以表示对他有厌恶。

1835年8月，马克思通过了中学毕业考试，在一篇题为《青年选择职业时的考虑》的德语作文中，表达了一种不平凡的见解。马克思觉得，选择职业对青年人来说是一件大事，必须严肃认真地加以考虑。虽然马克思当时只有17岁，但他却在作文中表达了一个远大的抱负——"为人类工作"。因为在马克思看来，只有给最大多数人们带来幸福，自己才能获得真正的幸福。所以他在作文中写道："如果人只是为了自己而劳动，他也许能成为有名的学者、绝顶的聪明人、出色的诗人，但他绝不可能成为真正的完人和伟人。""如果我们选择了最能为人类福利而劳动的职业，我们就不会被它的重负所压倒，因为这是为全人类所做的牺牲；那时我们感到的将不是一点点自私而可怜的欢乐，我们的幸福将属于千万人，我们的事业并不显赫一时，但将永远存在。""面对着我们的骨灰，高尚的人们将洒下热泪。"

教师们看到这篇作文时都不由得大吃一惊，一个17岁的中学毕业生就具有如此远大的抱负，的确是常

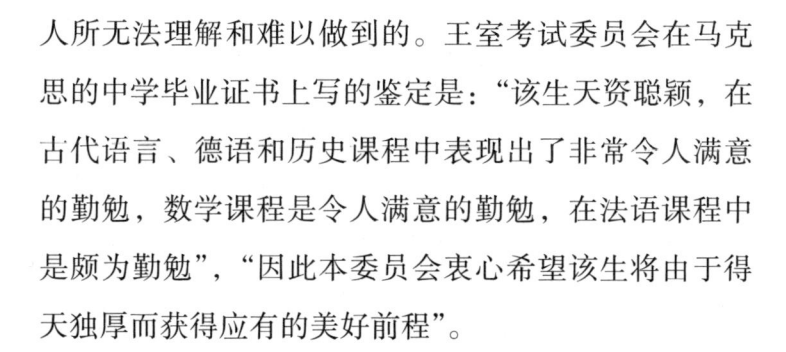

人所无法理解和难以做到的。王室考试委员会在马克思的中学毕业证书上写的鉴定是："该生天资聪颖，在古代语言、德语和历史课程中表现出了非常令人满意的勤勉，数学课程是令人满意的勤勉，在法语课程中是颇为勤勉"，"因此本委员会衷心希望该生将由于得天独厚而获得应有的美好前程"。

"为人类工作"，是17岁的马克思为自己选定的人生的主要目标，后来成了马克思一生的座右铭。然而历史总是走着曲折的道路。马克思走过的人生之路并非处处坦途，他是从崎岖的小路上起步的，又是在沿着陡峭的山峰不断攀登的过程中，才一步步地趋向那光辉的顶点。

→德国建筑

相关链接

马克思故居

位于德国古城特里尔市布吕肯街10号的马克思故居,是一座灰白色的3层楼房,淡黄的粉墙、棕色的门楣和窗沿、乳白色的窗扉,是当时德国莱茵地区的典型建筑,始建于1727年。1818年,马克思的父亲亨利希·马克思律师租用了这所房子。同年5月5日,马克思诞生在这里。当年,楼上是马克思一家的住室,楼下是律师事务所。马克思一家在这里住了一年半时间。

1928年,德国社会民主党以近10万帝国马克从私人手中买下了这座当时已改为铁器店的马克思故居。以后将其改建成马克思、恩格斯纪念馆。1933年,德国纳粹上台,故居被没收,文物被洗劫一空。直到1947年5月5日,马克思故居被重新开放。

马克思故居的展览,系统地展示了马克思一生的主要活动和业绩。1981年,在离故居不远的地方修建了一座现代化的大楼,成立了马克思故居研究中心。

年轻的博士

> 在哲学的历书上，普罗米修斯是最崇高的圣人和殉道者。
> ——马克思

古希腊的神话里有这样一个动人的故事。

相传人类早先是没有火的，因此不得不过着茹毛饮血的困苦生活。天上虽有神火，可是奥林帕斯山上的主神宙斯下了一道命令，禁止将天火带到人间。有一个名叫普罗米修斯的神，非常同情人间的苦难，于是，他不顾宙斯的禁令，悄悄地来到海边的一个火山岛上，从火神那里偷了一块火种，藏在芦苇管里带到了人间。普罗米修斯还把各种技术和知识传授给人类。主神宙斯得知此事后，大为愤怒，下令将普罗米修斯用锁链锁在高加索山顶的悬崖峭壁上，每天叫一只鹫鹰啄食他的肝脏，到了夜间被啄食的肝脏才能又复原。普罗米修斯就这样天天受着折磨，忍受着痛苦。可他始终没有向宙斯屈服。后来，力大无比的英雄海格立斯用箭射死了鹫鹰，才把他解救出来。

马克思年轻的时候，就非常钦佩普罗米修斯这种为人类造福而自己宁愿忍受痛苦的自我牺牲精神。他一生追求真理，维护劳动人民的利益，决不向反动势力低头，被人们称为"人间的普罗米修斯"。

马克思中学毕业后，他的父亲要他去学法律，希望他将来也能子继父业，当一名律师。因为在他看来，似乎只有当律师才能"为人类谋福利"。马克思遵从父亲的意愿，投考了波恩大学法律系。1835年10月中

← 油画中的普罗米修斯

现代人类的导师　**马克思**

←德国风光

旬，马克思离开故乡，乘船沿着摩塞尔河转莱茵河顺流而下，到达波恩大学法律系学习。

波恩当时并不是太大的城市，但由于有波恩大学，却使它成了莱茵省的文化中心。跟特利尔城比起来，这里的生活要丰富得多，也浪漫得多，这一切使马克思的离愁别绪略微消释了一些。

踏进大学的校门，马克思犹如投进了浩瀚的知识海洋。这里向他展示许多未知的领域，对于求知欲极强的马克思来说，他什么都想学，从法律到历史，从诗歌到哲学都对他产生了巨大的吸力。他跟一般的年轻人一样，一方面具有强烈的使命感，切望实现自己的价值；另一方面则又表现出许多盲目性，在波恩大学的头一个学期，他就准备同时选修9门功课，可这股火热的劲头并没有保持多久，很快就在索然无味的课程学习和不堪其扰的生活环境中逐渐淡漠了。波恩的生活不仅自由浪漫，而且新颖有趣，加上波恩大学的学生中流行着一种不良的风气，许多人沉溺于放荡不羁的生活，酗酒、赌博、斗殴。所以，马克思也不知不觉地在酒馆般的生活中自由起来。

有一次，马克思与一些同乡去"白马"酒店喝酒，因夜间醉酒喧闹被学校当局关了一天禁闭。这种处罚当然并不严厉，因为还允许同学们去探望，大家竟然又在禁闭室内开怀畅饮起来。还有一次，波路西亚同乡会的一个成员对他进行了侮辱性挑衅，马克思同他进行了决斗。这些情况使马克思的父亲深感忧虑，马克思也越来越不满意波恩的环境，在近一年的时间里，他经常处在强烈的追求而又不得其路的情绪之中。

在波恩大学第二个学期结束的时候，他根据父亲的建议，决定转学到柏林大学。

在去柏林之前，马克思在家乡特利尔度过了一个愉快的暑假。暑假期间他同童年的女友燕妮·

← 德国波恩的贝多芬铸铜雕像

现代人类的导师　**马克思**

→燕妮·冯·威斯特华伦

冯·威斯特华伦订了终身。

1836年10月，马克思怀着依依惜别的心情，踏上了柏林的征途。5天之后他来到了柏林大学法律系注册入学。这里的气氛和波恩截然不同。波恩是一个小城，而柏林却是一个大城市，当时的居民已达30多万。波恩大学当时约有700多学生，而柏林大学的学生则超过它的3倍。在波恩，决定这个城市面貌和生活的是一所大学，在柏林中，决定这一切的不仅仅是柏林大学，更主要的是国家的宫廷和普鲁士军队。在波恩，饮酒作乐几乎耗尽了一个学生的大好时光，而柏林，人们却能静悄悄地避开一切喧闹场合，认真学习和钻研。德语大哲学家费尔巴哈曾对柏林大学有一个评价，他说："比起来这里的学习风气来，其他大学就是不折不扣的酒馆。"尽管这一评价并不十分恰当，但它却说明柏林大学的确是一个理想的学习场所。

马克思初到柏林，由于远离亲人和对燕妮的思念，使他心情一时难以平静下来，也无法专心致志于

思想家卷　017

学业。他在给父亲的信中写道：由于心灵上激荡的感情和"倾心思慕的爱情"所带来的悬念和焦虑，他已陷于真正的不平静之中。正是在这样心情的驱使下，马克思做了正在恋爱中的大学们常做的事情：他执笔写诗，试图用诗歌抒发自己的感情和心声。

在第一学期，他写了大量的诗作，有抒情诗、叙事诗、讽刺诗。到这年年底，他竟完成了三大册诗集。他把这些诗作当作珍贵的礼物献给远方恋人燕妮，歌颂他们纯真的爱情。但也有不少诗表达了他对邪恶和黑暗的憎恶，对自由和正义的渴望。可是随后不久，马克思发觉自己的天赋并不在诗歌创作方面，于是便毅然从这条道路上退了回来，似乎又重新站在了征途

← 兼具浪漫与严谨氛围的柏林

的起点上，而真正的诗歌王国就像遥远的仙宫那样在马克思面前闪烁着。他对诗歌始终保持浓厚的兴趣和欣赏水平，这一点，使他成为像海涅这样的德国著名诗人的亲密朋友和顾问。

马克思后来以极大的热情投入专业课的学习，并表现出了他独特的勤奋和拼搏精神。马克思还刻苦学习外语，在大学期间，他已经熟练地掌握了4门外语。不过，最使马克思入迷的却是哲学，特别是黑格尔哲学。

黑格尔，是德国著名的哲学家，德国古典哲学的集大成者。他创立了一个宏大的客观唯心主义体系，为普鲁士王国歌功颂德。由于这个缘故，黑格尔博得普鲁士统治者的青睐，被普鲁士政府聘为柏林大学校长，他的哲学也被推崇为国家哲学。马克思进入柏林大学的时候，这位著名的哲学家几年前就已经离开了人世，但他的哲学思想却一直在哲学界、思想界有着极大的影响。

黑格尔哲学是矛盾的，既有体系上保守的一面，又有方法上革命的一面。普鲁士王国的统治者之所以推崇黑格尔哲学，是由于他们仅仅看到了这个体系的保守方面，而没有看到黑格尔哲学的另一方面，这就是深藏于这体系中的丰富的辩证法思想。正是这种辩证法思想，体现了黑格尔哲学的革命性和进取精神。按照黑格尔的认识方法，世界上不该存在、也不可能存在什么永恒、绝对不变的事物，一切都处在不断运动、变化和发展之中。既然如此，普士王国及其封建专制制度当然就不应该是永恒的。可是，短视的统治者们谁也未能发现黑格尔哲学这一奥秘。

黑格尔哲学这一奥秘，反映了黑格尔哲学体系和方法之间的冲突。当时研究黑格尔哲学的知识分子中便以不同的政治倾向形成了不同的两派，即老年黑格尔派和青年黑格尔派。那些政治上比较保守的人，固执黑格尔哲学体系一端，替普鲁士专制制度和宗教辩护，把它说成是合乎理性的，是永恒的。这一派就是老年黑格尔派，也就叫黑格尔右派；而那些政治上比

← 柏林——犹太人纪念馆

较激进、具有民主主义思想的人，则侧重研究黑格尔的辩证法思想，试图从中得出无神论和革命的结论，论证普鲁士专制制度被另一种新制度代替的历史必然性。这一派叫黑格尔左派，也叫青年黑格尔派。

青、老年黑格尔派的形成，表面上是由于对黑格尔哲学的不同理解所至，实质上是资产阶级与封建贵族、地主阶级之间矛盾存在和发展的必然表现。

马克思在第一学期熬过了许多不眠之夜，经历了激烈的内心斗争之后，身体状况越来越坏。1837年暮春，马克思不得不遵从医嘱，去郊区斯特拉劳渔村休养，在这里度过了整个夏天。在休养期间，马克思"从头到尾读了黑格尔的著作，也读了他大部分弟子的著作"，从黑格尔的著作里找到辩证法的奥秘，思想豁然开朗，他本身也逐渐成为青年黑格尔派的一员。

正当马克思逐步掌握黑格尔哲学，特别是黑格尔的辩证法时，有一个由思想相同的人组成的团体也在研究黑格尔哲学及其辩证法，其中不乏青年黑格尔派的骨干和中坚。这个团队就是当时颇有影响"博士俱乐部"。参加这个俱乐部的大都是学术造诣较高、思想敏锐的人。如：德国政治家阿道夫·鲁滕堡、历史学家卡尔·弗里德里希·科本、柏林大学讲师布鲁诺·鲍威尔博士等人。他们经常在一起聚会，探讨学术，抨击时弊，交流研究结果。批判宗教是他们的主要旗帜。他们从宗教批判转向政治批判，对青年黑格尔运动起到了很大的推动作用。

马克思参加了"博士俱乐部"，并且是其中最年轻成员。但马克思以其非凡的才能、渊博的知识和敏锐的洞察力，博得了科本和鲍威尔等人的称颂和敬佩。鲁滕堡与马克思的关系也十分密切。马克思参加"博士俱乐部"的活动，最初就是由鲁滕堡引见。科本对马克思的敬重，可从一件事上表现出来。1840年，科本为纪念普鲁士国王诞生100周年，写了《弗里德里希大帝和他的敌人》一书，他在书的扉页上题词："献给特利尔的卡尔·马克思"。此书的公开出版，使马克

← 黑格尔

思的名字第一次得以被世界知晓。至于鲍威尔与马克思的情感，也可从具体事情上得到体现。由于两人经常在一起探讨问题，促膝长谈，以至于1939年鲍威尔离开柏林赴波恩大学任教时，马克思这位无所畏惧的大学生惆怅不已。而鲍威尔到达波恩大学后，很快就给马克思来信，催促马克思尽快了结大学的"无聊的考试"，早日到波恩大学与他并肩战斗，以抵挡和扫除波恩的腐败风气。

1838年5月10日，马克思的父亲亨利希·马克思在长期卧病之后，溘然长逝，终年61岁。父亲的去世，给马克思带来了巨大的悲痛。马克思终生以衷心感激的心情怀念父亲，怀念父亲这位他可以把自己的一切忧虑和问题向之倾诉的慈父。当然，父亲的辞世，也使马克思来自父亲那里的、与他的志向相悖的干涉

→ 柏林古迹

不复存在了。在此之后的3年大学学业中，他几乎抛开了法学，把全部精力集中于研究哲学。从1839年1月份开始，马克思开始着手准备博士论文。

←伊壁鸠鲁

马克思选择了《德谟克利特的自然哲学和伊壁鸠鲁的自然哲学的差别》作为博士论文的论题，并深入地研究了这两位有唯物主义自然观的思想家的大量著作。通过研究，马克思不仅对两位古希腊哲学家的历史地位和作用给予了公正的评价，而且还对哲学史上一种传统的观点提出了批评，阐述了自己的独到见解。在哲学史上，一直流传着伊壁鸠鲁模仿、歪曲了德谟克利特的原子论的观点，认为这是伊壁鸠鲁的耻辱。在马克思看来，德谟克利特把原子理解为在无限的虚空中不断垂直下降，互相碰撞形成万物，这实际上涉及的是一个万物起源的问题，否定了上帝创造万物的宗教妄说。伊壁鸠鲁在继承了德谟克利特的唯物主义和无神论的基础上，又提出了原子在

现代人类的导师　**马克思**

→德国波恩

虚空中下降时，由于自身的原因而发生偏斜，彼此互相碰撞，从而形成万物。马克思指出，德谟克利特只讲原子的垂直运动，也就只讲了必然性，排斥偶然性，这是片面的。伊壁鸠鲁肯定原子的直线运动，又承认脱离直线的倾斜运动，这就在肯定必然性的同时，也给偶然性以一定地位，把必然性与偶然性统一起来，从而对原子论做出了新贡献，使原子论更加充实和丰富了。

在博士论文的序言中，马克思以豪迈的气概极力推崇普罗米修斯，称颂普罗米修斯是自由的殉道者，是神灵的仇敌和人类朋友的象征。他借用普罗米修斯的话宣告："我痛恨所有的神。"对那些为反动势力得势而感到欢欣鼓舞的人，马克思又用普罗米修斯对众神的侍者海尔梅斯所说的话给予回答：

"你要知道，我宁肯忍受痛苦，

也不愿受人奴役。

我宁肯被锁在岩石上,

也不愿做宙斯的忠顺的奴隶。"

马克思写完了博士论文后,考虑到为反动势力服务的御用意识已占据了整个柏林大学,如若将论文呈交这所大学进行答辩不仅徒劳无益,而且也有损于自己的信念。唯一的办法,就是把它寄出普鲁士,呈送给不受普鲁士王国管辖的耶拿大学审议。耶拿大学哲学系主持鉴定工作的系主任巴赫曼教授对这篇论文非常赞赏,称赞论文的作者"才智高超、见解透彻、学识渊博",于是决定不用经过答辩,就授予马克思"哲学博士"的学位。这是1841年4月的事,当时马克思只有22岁。

年轻的马克思经过勤奋努力,终于获得了令人羡慕的博士学位,成为当时少有的年轻的哲学博士。马克思的成功博得了同侪的高度评价。著名青年黑格尔派政论家莫泽斯·赫斯在

← 柏林建筑

给友人的信中写道："你应该准备去结识一位最伟大的哲学家，也许是当今活着的唯一真正的哲学家。他即将崭露头角，会把整个德国的目光吸引到自己身上……马克思博士，他可以说是我崇拜的偶像，还是个十分年轻的人，他将给中世纪的宗教和政治以致命的打击。他既有最深刻的哲学严肃性，又有敏锐的机智。请你设想一下，如果把卢梭、伏尔泰、霍尔巴赫、莱辛、海涅和黑格尔结合成一个人——我说的是结合，不是凑合——那这个人就是马克思博士。"

由于马克思最喜爱的颜色是红色，后来英国人就把马克思称为"红色的"博士。

→ 波恩大学

相关链接

波恩大学

波恩大学位于德国北莱茵—威斯特法伦州波恩市的一所公立大学。坐落在风景秀丽的德国莱茵河畔,它是18世纪启蒙运动的产物。1777年,人们就在波恩建立了一所高等学校,以促进蓬勃的启蒙运动继续发展,1786年又把它改建为大学,这就是波恩大学的前身。不久,拿破仑一世进攻德国,莱茵地区被占,波恩失守。由于法国人带来了全新的资产阶级民主思想,因而使这所学校成为封建保守思想和自由的意识形态论争的大讲坛。拿破仑失败后,波恩重归普鲁士统治。在当时著名进步思想家洪堡提议、普王弗里德利希·威廉三世帮助下,学校于1818年10月成为普鲁士的正规大学,政府接管了学校。1828年,学校将捐助者的名字作为学校校名,即莱茵波恩弗里德利希·威廉大学,简称波恩大学。至此,学校各领域的发展开始进入了正轨。

现代人类的导师　**马克思**

24岁的主编

> 作家当然必须挣钱才能生活、写作，但是他绝不应该为了挣钱而生活、写作。
> 　　　　　　——马克思

马克思取得博士学位后立即返回日夜思念的故乡。他本打算同燕妮结婚，但是光有一篇博士论文还不足以维持生计。获得一份固定的工作，对于当时像马克思这样才华横溢的大学毕业生来说，并不是十分困难的。可是要使马克思放弃自己的理想与信念，违心地屈从普鲁士反动政府的高压政策，倒是十分困难的。于是马克思征得燕妮的同意，决定推迟婚事，妥为安排。

马克思的父亲在世的时候就曾经叮嘱过马克思，为了报答燕妮为他所做出

→马克思

←被誉为欧洲最美丽城市的布鲁塞尔

的难以估量的牺牲，他必须做一个值得世人尊敬，并且很快会令世人折服的人。马克思为了在社会上有一个立足之地，为了使燕妮摆脱因家庭的压力所承受的精神痛苦，让她去过幸福的生活，马克思在大学毕业之际，就曾打算到波恩大学谋得一个副教授的职位。这样既可以继续自己哲学研究工作，又可望获得稳定的经济收入。

马克思的想法并非毫无根据。因为马克思的好友鲍威尔离开柏林到波恩大学任教后就颇有影响了，又得到普鲁士文教大臣阿尔坦斯泰因的庇护。他曾多次写信邀请马克思，并为马克思做了积极的准备。鲍威尔在马克思撰写博士论文时，就叮嘱他：最好把结论

← 普鲁士时代的德国银币

写得缓和一些，删去那些"火气过旺"的内容。当得知马克思在论文的序言中引用古希腊悲剧作家埃斯库罗斯诗句，借普鲁罗米修斯的话喻自己的志向时，他又一次写信规劝马克思"无论如何不可把埃斯库罗斯的那些诗句写进博士论文。总之，哲学发展之外的东西决不要写进去"。"当你对自己今后的境况还一无所知时，为什么要任意向这些顽固的人物挑战呢？这只言片语会给他们叫嚷的机会，甚至会堵死走上讲坛的道路。权且看在燕妮的份上吧……"

但是，马克思像普罗米修斯一样，决不向反动势力低头，不怕失去大学任教的前程，矢志不渝地走自己的路。马克思按照自己的方式写完了博士论文，这多少给他在波恩大学谋职的希求蒙上了一层阴影。

然而，最终改变马克思择业初衷的，却是普鲁士政治形势的变化。1840年，弗里德里希·威廉四世登上了王位，随即便背叛了即位时许下的诺言，撕下了"开明君主"的假面具，继续推行封建高压政策。同一年，阿尔坦施泰因文教大臣死后，国王任命了基督教正统派分子艾希霍恩接任这一要职。艾希霍恩一上台就肆无忌惮地推行一整套反动政策。大学的自由被取缔，进步教师被驱逐。青年黑格尔派成了政府反对政策的第一批受害者，而布鲁诺·鲍威尔则首当其冲，率先被取消了在波恩大学任教的资格。面对着这一突如其来的政策变化，马克思完全打消了在波恩大学任教的念头。既然反动政府不允许思想进步的人登上大学讲坛，那么马克思只好投笔从戎，从事写作和报刊工作，他以笔为武器，同整个旧世界开始了公开的较量和斗争，这是马

← 马克思在工作

克思人生的又一个转折点，是他无悔的选择。既然开始，他就要沿着这条铺满荆棘之路不停地走下去，直到生命的最后一息。

1842年5月的一个早晨，科伦街头人流如梭，报贩在奔走。他们挥舞着刚刚印好的报纸，大声叫卖："《莱茵报》！马克思博士评省议会辩论的文章一定会使你大开眼界！请买刚出版的《莱茵报》！"人们竞相购买，不一会，报纸便销售一空。

《莱茵报》是由普鲁士莱茵省新兴资产阶级于1842年初在科伦创办。他们打算利用这家报纸来维护莱茵省工商界的经济利益和政治利益。尽管普鲁士政府不信任这家自由派的相关报，但出于策略上的考虑，即为了借助它的力量，与当时极端天主教派创办的、专看罗马的眼色行事的《科伦日报》相抗衡，还是容忍了它的出版。对它最初刊登的那锋芒毕露的文章，

↑1840年前后的柏林大学

← 普鲁士王国硬币

也采取了睁一只眼，闭一只眼的态度。

  马克思是从1842年4月开始为《莱茵报》撰稿的。他给自己拟定了一个规模宏大的计划，打算写几组论文，对1841年夏天莱恩省议会的辩论进行分析。马克思的用意是十分清楚的，那就是以普鲁士这个最先进省份的议会作为例子，令人信服地向读者证明：德国在政治上所达到的发展阶段，距离一个现代资产阶级社会还相距甚远。1842年5月，马克思的第一篇文章《关于出版自由和公布等级议会记录的辩论》公开发表了。

  马克思的论文观点鲜明，针对性强，不仅分析了不同等级对出版自由的态度，而且公开谴责了诸侯和贵族代表对此的敌视，明确提出了出版自由的主张。这在当时的公开文章中是不多见的。但是，马克思主张的出版自由，同那些只把写作当作赚钱的手段，而

现代人类的导师　**马克思**

←马克思铜章

对社会进步、人民利益的维护无动于衷的人又有着根本的区别。在马克思看来，作家当然必须挣钱才生活、写作，但是他绝不应该为了挣钱而生活、写作。出版的最主要的自由就在于不要成为一行业。如果把出版物贬低为单纯的物质手段，那么，他本身也就是不自由的了。最后，马克思明确地指出，一个丝毫不能代表人民真正利益（这和政府没有什么两样）的代议机构，实际上已经失去了存在的权利，人民就"不仅用矛头而且要用斧子"去为自由而战斗。

　　马克思这篇文章是分期连载的论文，它的连续发表，在进步的市民阶级中间引起了巨大的反响。不论是朋友还是仇敌，每当打开一期新到的报纸，都要首

先寻看是否有署名为"莱茵省一居民"的连载文章。正因为如此,这份初创不久的报纸却能在短时期内拥有越来越多的读者,呈现出良好的发展趋势。

《莱茵报》的股东们均是莱茵省一些有名望的工业家,同时又是些讲求实际的人。对于他们来说,重要的问题在于办报有利可图,读者满意,而这些都离不开报纸编辑的水平和文章的质量。于是,报纸股东们决定委任马克思为该报的主编,希望借助于马克思的作用,进一步扩大报纸的影响。1842年10月15日,马克思正式出任《莱茵报》的主编,当时,他只有24岁。

当然,对于新主编的文风和鲜明的政治倾向,

← 德国——勃兰登堡门

股东们不是清楚的，由此带来的不利影响也是不能排除的。但股东们还是侥幸地认为，一个尚未结婚、渴望为建立家庭而奠定经济基础的人，终究会在同政府对峙中保持些理智，多一些与股东们意见的协调。再说，多少搅动一下国王的安宁，也不是一件很坏的事情，国王是不愿为了地主的利益同工业家们较量的。因此，马克思担任主编后发表一些尖刻辛辣的政论性文章和通讯稿件，甚至是讽刺性极强的小品，报纸的股东们也宁愿视若不见，任其自然。

《莱茵报》在马克思的主持下，具有越来越明显的革命民主主义倾向。马克思公开在报上为贫苦群众呐喊，为劳动人民利益辩护。有两篇文章最能说明问题。一篇文章是《关于林木盗窃法的辩论》。针对省议会中一些贵族代表在讨论通过林木盗窃法时，硬把穷人到森林中拣些枝烂叶当柴火，贫苦孩子到树上采集点野果，就被说成是"盗窃"的荒谬逻辑。马克思愤怒地斥责道："如果法律把那种未必能叫违反森林条例的行为称为盗窃林木，那么法律就是撒谎，而穷人就会成为法定谎言的牺牲品了。"另一篇文章是1843年初发表的《摩塞尔记者的辩护》。摩塞尔河谷一带的农民是一些小葡萄园的占有者，当时正处于非常穷困的境地。当《莱茵报》为

他们的困苦仗义执言时，普鲁士的总督冯·沙培尔竟然傲慢地指责这篇报道歪曲事实，诽谤政府。于是马克思就写了这篇文章加以反驳。他批驳了那种把摩塞尔农民贫困的原因归于天灾或个别官员失职的看法，认为根本的原因是专制制度的统治。这篇文章再一次使《莱茵报》声誉大振，销售量大增。马克思刚出任主编时，该报订户只有800多份，而到1843年初就猛增到3400多户。

毫无疑问，《莱茵报》已经成为反对专制制度最激烈的一家报纸。这种革命倾向使普鲁士政府怕得要命，特别是马克思的文章篇篇都犹如利剑刺入封建统治阶段的中枢神经，反对政府再也无法容忍下去了。

← 德国新天鹅堡

终于在1843年初对《莱茵报》下了毒手。他们借口《莱茵报》没有营业许可证，命令它4月1日停止出版。

《莱茵报》的股东们是一些胆小怕事的人，听说政府要限期查封报纸，简直就是被吓破了胆。他们立即召开了一次特别会议，马克思作为主编，也参加了。会上，股东们要求改变报纸的调子，不要再登反对政府的文章，并指责马克思过激。马克思当场进行了严正的反驳。可股东们都不愿听马克思的意见，一心想与政府妥协。在这种情况下，马克思决定辞去主编职务。

过了两天，马克思在报纸上发表了一项声明："本人因现行书报检查制度的关系，自即日起，退出《莱茵报》编辑部，特此声明，马克思博士。1843年3月17日于科伦。"

马克思在《莱茵报》工作了5个月，这是他在现实生活中斗争的5个月，也是他思想、世界观开始发生根本转变的5个月。

主编《莱茵报》的活动，促使马克思开始接触和研究经济和社会问题，思想认识也随之发生了新的变化，一方面，他开始认识到物质利益在人类社会中起着巨大的作用，为维护劳动人民的物质利益而斗争是

自己义不容辞的责任；另一方面，他又深感以唯心主义和民主主义作为哲学和政治上的武器是安全不够的，必须再进一步，在更广阔的领域和新的起点上进行探索。

后来，马克思自觉完成了世界观和政治立场的根本转变，成为思想博大精深的科学共产主义的创始人。

← 流经德国的莱茵河

相关链接

埃斯库罗斯

公元前525年出生于希腊阿提卡的埃琉西斯。他是古希腊悲剧诗人,与索福克勒斯和欧里庇得斯一起被称为是古希腊最伟大的悲剧作家,有"悲剧之父""有强烈倾向的诗人"的美誉。代表作有《被缚的普罗米修斯》《阿伽门农》《善好者》(或称《复仇女神》)等。埃斯库罗斯一共留下了90部剧作(包括山羊剧),其中79部的名称流传下来了。其中最著名的20部都遗失了。他的悲剧有七部完整地流传到今天,另外三部部分保留下来了。从他早年的作品到他死前不久的作品有一个明显的艺术发展过程。他早年的作品叙述相当简单,他晚年的悲剧的戏剧性非常浓厚。

新世界观的曙光

> 哲学家们只是用不同的方式解释世界，而问题在于改变世界。
> ——马克思

3月的科伦已是初春的季节。一场春雨过后，空气显得格外清新，成群的鸽子时而掠过湍急的莱茵河水面，时而又腾空而起，飞入清澄无垠的空中。望着渐渐远去的鸽群，马克思若有所思，百感交集。他倾注心血的《莱茵报》被查封了，偌大的德国却没有一个能自由地发表自己政治见解和哲学观点的地方。伪善、愚昧、赤裸裸的专横，使马克思感到厌倦。他多么希望自己变成一只白鸽，自由地在广阔的天空中振翅翱翔。既然在德国无法再干什么事情，

← 马克思和恩格斯

现代人类的导师　**马克思**

← 埃菲尔铁塔

为什么不到外部世界去闯一闯，走出一步天地宽！

　　正当马克思暗下决心，寻求获致自由的新去处时，黑格尔左派出版人卢格的一封来信，给马克思带来了不小的欣喜。他询问马克思是否愿意在巴黎与他创办一份新的德文杂志，以便把德国和法国的进步思想家团结起来。马克思未作更多的考虑，慨然允诺，同意与卢格共同编辑这一杂志。这就是后来于1844年2月出版的《德法年鉴》。

　　在踏上巴黎的征途之前，马克思来到莱茵省的一个小镇克罗茨纳赫。燕妮在1842年3月父亲去世后，就和她母亲迁居到这个地方。1843年6月19日，马克思和燕妮经过7年漫长的恋爱之后终于举行了简朴的婚礼。这一时刻的到来对于25岁的马克思和29岁的燕

妮来说，的确是梦寐以求的，这多少有些"残酷"，但经得起时间考验的爱情更值得珍惜。从此，两人便患难与共、携手并肩，共同走向人生的旅程，直到最后的终点。

在克罗茨纳赫，马克思着手从理论上总结主编《莱茵报》时所获得的实际经验，重新审定自己已有的认识。他深感自己过去许多想法的谬误和片面，必须用新的思想来代替之。但如果不对黑格尔的哲学思想，特别是他的国家哲学和法哲学进行批判性分析，就无法实现这一目的。为此，他对历史进行了广博的研究，并阅读了马基雅弗利、孟德斯鸠、卢梭等人的著作。经过3个多月的潜心研究，马克思的思想认识得到了升华。他所写的《黑格尔法哲学批判》等5本笔记手

← 孟德斯鸠

稿，为他完成世界观和政治立场和根本转变创造了决定性的条件。

正当马克思准备离开克罗茨纳赫前往巴黎的时候，狡猾的普鲁士政府企图拉拢马克思，让他放弃出国的打算。他们通过马克思父亲的一个朋友、监察顾问埃塞尔，给马克思写了一封信，建议马克思去政府任职，还允诺可以给他一个"肥缺"。名利和地位对于一般的市民来说，无疑会产生巨大的诱惑力，但在马克思面前却显得苍白无力，反而更坚定了他的革命意志。马克思毅然决定提前出国。

1843年10月底，马克思和燕妮一起到了法国的巴黎，在塞纳河左岸市区找到了一个简朴的住所。从此两人开始了一生颠沛流离的生活。

巴黎当时是欧洲革命运动的中心，各国的许多革命者，特别是德国的一些革命者都汇集那里。巴黎沸腾的社会政治生活，使马克思的思想和政治立场发生了急剧的变化。他的视野已不限于对专制制度的批判上，一个充满着尖锐的社会矛盾的"新世界"无情地展现在他的眼前。他看到：在这个世界里，社会的政治进步虽然要超越德国整整一个时代，可居民间的一切差别正日益转化为现代资产阶级和现代无产阶级间的对立和斗争。马克思居住在工人住宅区，他便能深入了解工人们的生活和斗争状况,并经常参加各种工人组织和革命团体举行的集会,发表演说。正是在法国,马克思发现了一个伟大的阶级——无产阶级。关于这一点,从马克思寄给德国大哲学家费尔巴哈的信中可以得到证明。马克思在信中对这位曾给自己摆脱黑格尔唯心主义以巨大影响的人写道:"您应当出席法

← 巴黎圣母院

现代人类的导师　**马克思**

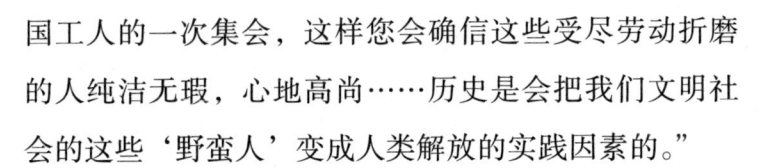

国工人的一次集会，这样您会确信这些受尽劳动折磨的人纯洁无瑕，心地高尚……历史是会把我们文明社会的这些'野蛮人'变成人类解放的实践因素的。"

马克思通过考察资本主义社会和参加工人运动，认识到共产主义已经不是一种抽象的理论，而是无产阶级斗争的实际目标。他公开站到无产阶级方面，决心为埋葬压迫他们的社会制度去进行斗争。马克思发表在《德法年鉴》的文章标志着他这种思想和立场的形成。

1844年2月，马克思苦心筹划的《德法年鉴》终于出版了。在这期篇幅很大的杂志上，发表了马克思的《论犹太人问题》和《〈黑格尔法哲学批判〉导言》两篇文章，还有他为创办杂志给卢格的几封通信。同时，《年鉴》创刊号也将马克思未来的亲密战友恩格斯

→法国塞纳河

的两篇文章一同发表。

在《论犹太人问题》一文中，马克思指出政治解放即资产阶级革命具有进步意义，但又有局限性；只有进行社会主义革命，把人类从私有制的束缚下解放出来，即人类解放，才能使人类获得彻底的自由。在《〈黑格尔法哲学批判〉导言》中，他郑重地宣告："批判的武器当然不能代替武器的批判，物质力量只能用物质力量来摧毁；但理论一经掌握群众，也会变成物质力量。""哲学把无产阶级当作自己的物质武器，同样地，无产阶级也把哲学当作自己的精神武器。"这里马克思不仅表述了革命理论与革命实践相结合的原理，也为以后的马克思主义的暴力革命思想奠定了基础。这一切，标志着马克思从唯心主义者到唯物主义者，从革命民主主义者到共产主义者的转变过程，已彻底完成。

在马克思自觉实现思想和政治立场的根本转变之

←卢格与马克思在撰写《德法年鉴》

现代人类的导师　**马克思**

←世界第一台纺织机器

际，出身于纺织工厂主家庭的恩格斯，也自觉地完成了从唯心主义到唯物主义，从革命民主主义到共产主义的转变过程。此时，恩格斯正在英国经商。尽管两人并不十分熟悉，但由于他们共同在《德法年鉴》上发表观点非常一致的文章，两人开始互相了解，经过双方书信来往，彼此友谊进一步加深。1844年8月底，恩格斯从曼彻斯特回德途中，特意去巴黎会见了从未谋面、但却非常钦佩的马克思，两人一见如故，相识恨晚。从此开始了他们共同创立马克思主义这一新的思想体系的斗争过程。

还在恩格斯来巴黎以前，马克思就打算写一篇文章，驳斥当时很有名气的鲍威尔兄弟。原来，布鲁诺·鲍威尔和埃德加·鲍威尔非常狂妄自大，他们死抱住黑格尔哲学不放，反对政治运动和社会运动，日益背离青年黑格尔派原先的激进主义。当马克思、恩

格斯在《德法年鉴》上发表文章，阐述他们的革命思想时，总是他们兄弟二人在自己创办的杂志上撰文表示反对。所以，马克思觉得有必要写文章予以反驳。马克思把这一想法告诉了恩格斯，并希望同恩格斯合作。恩格斯欣然同意。于是，他们很快就拟定了写作提纲，并作了分工。

恩格斯虽然没有上过大学，但他刻苦自学，早已练就了出色的文笔。仅在他们会见的10天之内，就写完了自己所承担的部分。马克思字斟句酌，反复推敲，在恩格斯离开后又花了3个月的时间，终于完成了自己承担的全书的主要部分。恩格斯虽然只承担了全书的很小一部分，但也是不可缺少的。因此，在出版的时候，马克思坚持署上了他们两个人的名字。这部由马克思、恩格斯合作的第一部著作定名为《神圣的家庭》。

←恩格斯

现代人类的导师　**马克思**

"神圣家族"原是意大利一位画家的一幅名画。画中人物是圣母玛利亚抱着圣婴耶稣，旁边是玛利亚的丈夫圣约瑟，还有圣伊丽莎白、圣约翰以及一些天使和神父等。马克思、恩格斯借用这幅名画的题目，来讽刺鲍威尔一伙，把他们比喻为耶稣的"神圣家族"。

《神圣的家族》提出了"历史活动是群众的事业"这个著名的论点，批判了鲍威尔一伙所鼓吹的"天才

→ 拉斐尔《神圣家族》

史观"。针对他们说的"工人什么都没创造,所以他们也就一无所有"的谬论,马克思和恩格斯站在工人阶级的立场上,义正词严地驳斥说:"批判的批判什么都没有创造,工人才创造一切",工人之所以一无所有,而且受苦受难,完全是由于违反人性的资本主义经济关系造成的。无产阶级要获得解放,不能依靠别的什么力量,只能靠无产阶级自己。

《神圣的家族》是马克思、恩格斯制定新世界观道路上的一个重要里程碑。这部著作于1845年2月出版后,在德国社会各界引起了强烈的反响。一家保守派报纸说它"每一行字都在鼓吹反对国家、教会、家庭、法制、宗教和财产……的暴动",但也不得不承认马克思有非常渊博的知识,善于运用人们通常说的"铁的逻辑"。而鲍威尔一伙却被弄得狼狈不堪,无言以对。

1845年2月初,马克思全家离开巴黎来到比利时首都布鲁塞尔。在生活条件十分艰苦的情况下,马克思写了《关于费尔巴哈的提纲》。在提纲中,他第一次批判费尔巴哈唯心主义和一切旧唯物主义的局限性,第一次科学地阐明了社会实践在社会生活和人的认识过程中的作用和地位。马克思认为,"人的思想是否具有客观的真理性,这并不是一个理论的问题,而是一个实践的问题";"哲学家们只是用不同的方式解释世

→费尔巴哈

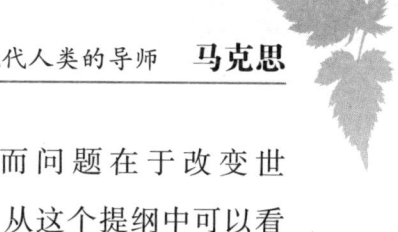

界，而问题在于改变世界"。从这个提纲中可以看出，此时的马克思不仅同唯心主义划清了界限，而且也同一切旧唯物主义划清了界限。所以，后来恩格斯称赞这个提纲是"包含着新世界观的天才萌芽的第一个文件"。

1845年4月，继马克思之后不久，恩格斯也到了布鲁塞尔，住在马克思家的隔壁。两位战友又团聚在一起，为锻造无产阶级认识世界改造世界的思想武器，开始了新的共同的战斗。1845年到1846年，马克思和恩格斯花了整整一年多时间，完成了他们合著的第二篇著作，即《德意志意识形态》。这部著作不仅批判了当时德国意识形态领域中的各种错误思潮，而且还阐述了他们俩创立的新的世界观，提出了无产阶级的伟大历史使命，描绘了未来社会远景的轮廓。因此，这部著作在马克思主义形成的过程中具有重要地位。

可是在那个时候，出版大权掌握在资产阶级手里，马克思和恩格斯花费很大心血写成的这部巨著，却没能找到出版商。尽管如此，他们并不灰心，相反，却觉得写这本书的目的，不单是为了出版，也是为了自己把问题弄清楚。在写作过程中，他们既然弄清了许多问题，写书的目的也就达到了。马克思后来谈到这本书的命运时诙谐地说："既然我们已经到达了我们的主要目的——自己弄清楚问题，我们就情愿让原稿留给老鼠的牙齿去批判了。"

《德意志意识形态》这部书稿，在马克思和恩格斯生前只发表了第二卷第四章。余下的大部分手稿真的受到了"老鼠的牙齿的批判"。直到1932年才同读者见面。虽然出版的时候，对手稿进行了修复和整理，但被老鼠吃掉的部分，却再也无法还其本来面目了，至今这部著作还有不少残缺不全或空白的地方。

← 19世纪技术改革的成果——发动机

现代人类的导师　**马克思**

经受革命的洗礼

> 革命是历史的火车头。
>
> ——马克思

19世纪40年代的欧洲,呈现出一派复杂的历史景象:一方面,新兴的资产阶级与衰败的封建主义正在作最后的决战;另一方面,建筑在血与火基础上的资本主义制度,不断地暴露出自身的缺陷,无产阶级作为一支独立的政治力量登上了历史舞台,他们与有产阶级的斗争方兴未艾。

乌云滚滚,电闪雷鸣,欧洲革命风暴即将来临。在这最紧张的岁月里,反动的保守势力异常惊慌,力图逃避这场风暴的冲击;激进的空想家们则乐此失彼,盲目行动,幻想一夜功成名就,青史留名。而马克思和恩格斯则与之不同。他们深感斗争形势的复杂与无产阶级力量的薄弱。要使无产阶级在决定关头强大得足以取得胜利,无产阶级必须组成一个不同于其他所有政党的特殊政党,一个自觉的阶级政党。为此,他们越来越多地致力于在工人和革命知识分子中宣传科学共产主义理论，消除各种错误思潮的影响。

1846年2月，马克思和他的亲密战友恩格斯等人在布鲁塞尔建立了共产主义通讯委员会。通过这个委员会的积极活动，他们很快同各国社会主义者和工人团体建立了广泛的国际联系。而通过必要的思想交锋，各种错误思潮，诸如魏特林的空想共产主义、格律恩等人宣扬的"真正的社会主义"，以及蒲鲁东的小资产阶级社会主义等五花八门的社会主义，均受到了有力的批判，而他们在工人运动中的影响也得到了深刻的清理。一些先进工人逐步接受了马克思、恩格斯的观点，科学资本主义的影响日渐扩大。在这期间，"正义者同盟"领导人的思想认识发生的重大变化，最为马

← 1848年欧洲革命

克思所关注,"同盟"在革命高潮到来前夕所展示出的那种蓬勃向上的发展趋势,使马克思、恩格斯由衷地感到高兴。

1847年初春的一天,一位中等身材、工人模样的人风尘仆仆地来到布鲁塞尔的马克思家里。他就是伦敦"正义者同盟"派来的特使约·莫尔。他身带正式委托书,恳切地请求马克思和恩格斯加入同盟,帮助他们进行改组工作。莫尔表示他们的组织成员都愿意抛弃过去的指导思想和密谋策略,接受马克思、恩格斯的科学理论。并告之在即将召开的代表大会上,马克思、恩格斯可以全面阐述自己的理论观点,并作为同盟的纲领发表。

马克思和恩格斯欣然地接受了邀请,加入了同盟。这年6月,同盟在伦敦召开了第一次代表大会。马克思因经济困难,未能成行。但马克思的亲密战友恩格斯和威·沃尔弗则如期到会。大会在恩格斯的指导下开得很顺利,各项议程都是根据恩格斯事先与马克思商定的计划进行的。这次会议不仅将同盟的名称正式更名为"共产主义者同盟",而且公开宣布废弃过去那个阶级观点极为模糊的"人人皆兄弟"的旧口号,代之以充满国际主义精神的"全世界无产者,联合起来!"的新口号。大会还通过了由恩格斯起草的同盟新

章程，明确规定同盟的目的是，推翻资产阶级，建立没有阶级、没有私有制的新社会。

这样，同盟就有了鲜明的革命口号和明确的奋斗目标。它表明，马克思和恩格斯亲自指导和领导的第一个无产阶级政党诞生了。

到了年底，同盟又举行了第二次代表大会。马克思和恩格斯都亲自参加了这次大会。大会正式通过了同盟的新章程，并委托马克思、恩格斯起草一份共产主义者同盟的纲领，作为宣言向全世界公开发表。于是，马克思和恩格斯会后立即投入了紧张的工作，很快共同起草了一份宣言，这就是于1848年2月在伦敦公开发表的著名的《共产党宣言》。

《共产党宣言》是无产阶级政党的第一个周详的理论与实践的党纲，是国际共产主义运动史上第一个

19世纪欧洲街景

现代人类的导师 **马克思**

伟大的革命宣言。虽然当时马克思只有30岁,恩格斯只有28岁,但他们却以磅礴的气概,大无畏的精神,向世界庄严宣告:"资产阶级的灭亡和无产阶级革命的胜利是同样不可避免的"。"让统治阶级在无产阶级革命面前发抖吧。无产阶级在这个革命中失去的只是锁链。他们获得的将是整个世界"。宣言公开发表之际,欧洲革命形势也同时蓬勃地开展起来。事实上,《共产

→马克思与恩格斯(版画)

党宣言》成了1848年欧洲革命风暴的伟大先声。

1848年初，布满炽热干柴的欧洲大陆，终于在自然灾害和经济危机的双重作用下溅上了星星之火。于是，从巴黎到布达佩斯，从柏林到巴勒莫，整个欧洲烽火连天，硝烟滚滚，史称1848年欧洲革命由此爆发。

← 中文版《共产党宣言》书影

法国是这次革命运动的中心，斗争最为激烈，影响和推动着其他国家的革命。法国的二月革命爆发并取得胜利后，毗邻法国的巴登、符腾堡、巴伐利亚等德国的大部分地区，也卷入革命洪流之中。3月13日，奥地利王国首府维也纳人民举行起义，推翻了梅特涅政权，这位威武一时的首相到头来只好男扮女装，仓皇出逃；3月18日，普鲁士王国首府柏林的人民紧接着也举行了大规模的示威游行，继而转化为武装起义。他们筑起街垒，同政府军展开了浴血奋战……

马克思密切关注着欧洲革命的进程，并把注意力集中在德国。德国三月革命爆发后，马克思和恩格斯

↑ 1845年的恩格斯

先是为共产主义者同盟起草了《共产党在德国的要求》,德国无产阶级制定了在这次资产阶级民主革命中正确的纲领和策略。接着,又在4月初秘密回到了祖国,满腔热情地参加并领导了这场轰轰烈烈的革命斗争。

马克思和恩格斯决定创办一份大型的革命报纸,通过报纸来宣传他们制定的革命路线和策略,指导和组织群众的斗争。经过一番紧张的筹备工作,马克思和恩格斯终于在科伦市创办了一家日报。报纸取名为《新莱茵报》,以表示继承过去《莱茵报》的革命传统。报纸的副标题是《民主派机关报》。但它没有放弃无产阶级独立的利益,"在各个具体场合,都强调了自己的特殊的无产阶级性质"。

《新莱茵报》第一号是1848年6月1日正式出版的。编辑部由马克思直接领导,编辑的各项方针和制度都是马克思亲自制定的。恩格斯是马克思最得力的助手。《新莱茵报》上的一些重要社论都是马克思和恩格斯两人写的。马克思外出的时候,恩格斯就担任代理总编辑,领导编辑部的日常工作。

在马克思和恩格斯的通力合作下,《新莱茵报》在揭露资产阶级叛卖行为,批判小资产阶级的动摇和幻想,提高无产阶级的政治思想觉悟,教育广大农民群众等方面,都发挥了巨大的作用。因而在群众中的威信和影响日益增长。普鲁士政府和反动势力对此极为恐慌,当时的反动报纸攻击《新莱茵报》是"一切可恶报纸中最可恶的报纸",普鲁士政府也千方百计地对它进行迫害。

1848年7月6日,科伦法院传讯马克思,控告他侮辱国家官吏和警政人员,搜查了报纸编辑部。8月初科伦警察厅通知马克思,鉴于马克思已宣布放弃普鲁士国籍,不承认他是"普鲁士臣民",妄图再次把他驱逐出境。9

← 《新莱茵报·政治经济评论》

月26日，科伦实行戒严，《新莱茵报》和其他民主派报纸被勒令停刊。经过马克思和他的战友们的不懈努力，使报纸于10月12日复刊。1849年2月初，科伦市政当局又接连两次对马克思和恩格斯提出控诉。

审讯的那天，法庭的旁听席上座无虚席。在最高检察官和律师讲话后，马克思站起来为《新莱茵报》辩护，对普鲁士的官僚、军队、法庭以及整个旧制度进行了抨击。恩格斯接着也做了辩护发言。他说："如果说我们有罪的话，我们的罪行就是正确地指出了确凿的事实，并从中得出正确的结论。"法官被马克思和恩格斯的有力辩护弄得哑口无言，最后只好宣布他们无罪。这次审讯反而使《新莱茵报》的威信大大提高了。

但是，革命的道路总不是一帆风顺的。随着普鲁士反动政府相继镇压了德累斯顿、爱北斐特等地的人民起义后，立即把刺刀对准了《新莱茵报》。反动当局先是以恩格斯参加了爱

→外文版马克思恩格斯名著

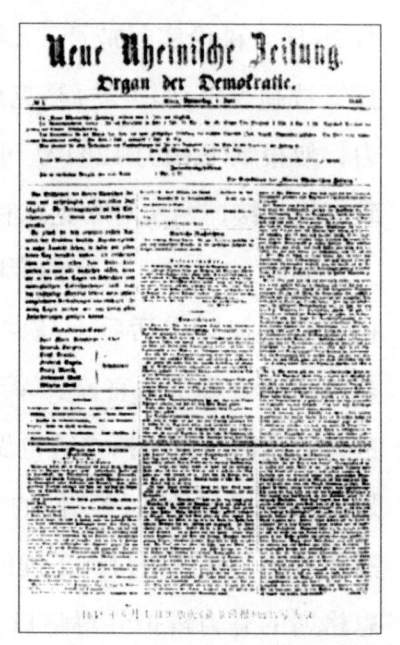

北斐特的起义为由，下令通缉恩格斯。接着，马克思也接到了政府的命令，要他离开普鲁士。理由是："《新莱茵报》愈益坚决地煽动居民蔑视现存政府，号召暴力革命和建立社会共和国。"命令还告之，"若对此项要求不服，应立即押送出境"。

← 《新莱茵报》

由于马克思被驱逐出境，恩格斯和其他编辑又遭到迫害，《新莱茵报》不得不停刊。1849年5月19日，《新莱茵报》用红色油墨出版了最后一号。马克思写了一篇向科伦工人告别的信。马克思写道："《新莱茵报》的编辑们在向你们告别的时候，对于你们给予他们的同情表示衷心的感谢。无论何时何地，他们的最后一句话始终将是：工人阶级的解放！"

《新莱茵报》停刊后，马克思、恩格斯曾一度到德国西南部同群众一起坚持战斗。后来，马克思来到巴黎，由于巴黎反动政府的驱逐，又流亡伦敦，开始了他新的艰难的人生旅程。

现代人类的导师 **马克思**

　　马克思到达伦敦之际，正是欧洲各地革命先后被反动势力镇压、革命遭受挫折之时。面对着处于低潮的革命形势，一些意志薄弱的人十分消沉，甚至对革命的前途悲观失望。在他们看来，旧的制度的重新运行，欧洲反动气焰的十分嚣张，似乎历史的车轮在向后转；而另一些人则不能正确认识事物发展规律，看不到革命的巨大历史作用，也不能正确估计群众的革命首创精神。马克思则完全不同。他与恩格斯一起，以冷静的科学态度，回顾了革命的整个过程，分析了有关国家的经济基础同阶级斗争的关系，革命发展的规律，系统地总结了革命的

→运草的马车 1821 油画・伦敦

经验教训。

从1850年到1852年，马克思和恩格斯先后写了《1848年至1850年法兰西阶级斗争》《德国的革命和反革命》《路易·波拿巴的雾月十八日》等不朽著作。在这些著作中，他们痛斥了反动势力对革命的诬蔑，热情讴歌了1848年革命，精辟地论证了革命在人类社会发展中的历史作用。马克思指出，革命大大加速了历史的进程，使社会上各种矛盾充分暴露和激化，物质利益不同的社会力量迅速分化和重新组合，人民群众在革命中以平时不可想象的速度觉醒起来，他们无穷无尽的创造力得到了充分发挥。因此，马克思形象地提出了"革命是历史的火车头"的著名论断。与此同时，马克思和恩格斯还论述了工农联盟的思想、暴力革命的思想、无产阶级专政的思想，从而以一系列全新的结论，极大地丰富了他们创立的科学共产主义学说。

1848年欧洲革命时期，是马克思平生事业的突出的中心点。经过这场革命风暴的洗礼，马克思这位伟大的思想家，在共产主义的理论与实践的发展历程中，又昂首阔步、信心坚定地步入了新的起点。

贫困的流亡生活

> 我必须不惜任何代价走向自己的目标。
> ——马克思

19世纪50年代，整个欧洲再次陷入反动势力的黑暗统治，旧秩序恢复了，旧制度重新运行起来，历史的车轮似乎向后倒转了许多。在那人民灾难深重的年代里，被迫流亡到伦敦的马克思，在异国他乡开始了他一生中最艰难的旅程。

马克思是1849年8月26日到达伦敦的。这是他第三次踏上这座对他来说并不陌生的城市。4年前他来到这里，是为了进一步考察资本主义社会，从事他的理论研究工作。两年前的秋天他也曾到过这里，但那时他是为了参加共产主义者同盟在伦敦举行的第二次代表大会，向国际无产阶级的代表们阐述他的理论观点。现在他来到这里，则与前两次情形大不相同：他是被迫流亡到这里的，而且是只身一人。他的3个孩子和令他放心不下的妻子，因无法凑足路费和重新安家的

费用只好暂时留在巴黎,他的妻子近来身体一直不好,又即将分娩……

颠沛流离的生活对于马克思来讲,似乎是习以为常的事情了。事实上早在1843年6月燕妮与马克思结婚后不久,这种生活就已经开始了,并逐渐具有政治流亡的色彩。

马克思和燕妮婚后不久就一起于10月底迁居到巴黎。由于在巴黎马克思经常为当地的进步报纸《前进报》撰写文章,抨击普鲁士专制制度,引起了普鲁士政府的极大不满。普鲁士当局先是通令禁止马克思回国,并且用逮捕威胁他。当这一招并不能慑服马克思后,普鲁士政府就通过外交的途径与法国政府交涉,让法国政府采取措施阻止马克思。于是,法国政府于1845年1月16日下令,限马克思24小时之内离开巴黎。但法国政府又告诉马克思,只要他保证不再从事反普鲁士的宣传,就可以留在法国。马克思拒绝了这个要求,于2月初离开法国举家迁往比利时的布鲁塞尔。

← 马克思雕像

现代人类的导师　**马克思**

为了筹集搬家的费用，马克思夫妇不得不变卖所有的家具和部分衣服。尽管如此，燕妮和他们9个月大的女儿也不能同期前往。后来全家团聚后又迎来了一位新成员，她就是海伦·德穆特（琳蘅）。她就是受燕妮母亲的指派，来帮助燕妮料理家务的。这位纯朴善良、聪明刚毅的22岁农家女，从此成了马克思一家忠实可靠的朋友，在长期的流亡生活中与马克思一家同甘共苦。

马克思一家初到布鲁塞尔时，贫困的阴影也紧随而来。全家几乎是一贫如洗，连找一个固定的住所也十分困难。是马克思的亲密战友恩格斯伸出友谊之手，才使马克思暂时渡过了难关，终于在工人住宅区找到了一所房子。

马克思的到来引起了比利时政府的不安。司法大臣命令警察当局秘密监视这位"危险的民主主义者和共产主义者"。并强迫马克思作出不在

→ 海伦·德穆特

思想家卷　069

← 布鲁塞尔天鹅咖啡馆

比利时出版任何有关当前政治的著作的保证。这无疑切断了马克思的经济来源，使马克思本来贫困的家又雪上加霜。而普鲁士反动政府还是不肯罢休，又唆使比利时政府把马克思驱逐出境。为了不让普鲁士反动政府再有任何借口干涉自己的生活，马克思于1845年12月正式声明放弃普鲁士国籍。从此他就成为一个没有国籍的人。但马克思并没有停止对自己奋斗目标的追求，正像他自己后来说的："我是一个世界公民，我走到哪儿就在哪儿工作。"

马克思一家在布鲁塞尔终于安顿下来,并一直居住到1848年欧洲革命爆发之际。由于马克思在布鲁塞尔进行了大量的革命组织和宣传工作,又引起了比利时当局的恐慌。他们一面采取紧急措施,竭力防止革命的爆发,一面加紧制造迫害革命者的舆论,说什么流亡在布鲁塞尔的德国人企图搞"共和运动",将来建立一个共和国,由这些流亡的德国人独揽大权。其实不用明说,人们都清楚这是直对马克思等人的。

就在这时,由于法国已爆发了二月革命,成立了法兰西共和国临时政府,这个政府对德国的流亡者表现出了少有的同情和支持。1848年3月1日,法国临时政府委员斐迪南·弗洛孔以法国人民的名义热情邀请马克思去巴黎。他在信中写道:"勇敢正直的马克思:法兰西共和国是所有自由之友的避难所。暴政把您放逐,自由的法兰西向您、向所有为神圣事业和各国人民的友好事业而斗争的人们敞开着大门。"这正符合马克思的意愿,他早就准备奔赴革命斗争中心了。马克思是3月3日接到邀请信的。正当他准备收拾行装去巴黎的时候,比利时的一个警官带着10个武装警察闯进了马克思的住所,搜查了全部房间,最后借口马克思没有身份证将他押送到市政厅。同时,他们向马克思宣布了一道比利时国王的命令，限他在24小时离开比利时国境。马克思的夫人也被以同样的理由关进了市政府的拘留所。第二天下午3点钟左右，由于查不出什么结果，警察才把她释放了。

马克思在市政厅监狱里整整被关了18个钟头，反

← 各国发行的马克思纪念邮票

动当局由于找不到任何证据，只好将马克思释放。但是在释放马克思的时候，当局又通知马克思必须立即执行国王的命令，也就是说马克思必须在当天晚上离开国境。这样，本来给马克思料理私事的时间总共才有24小时，可这样一来只剩下很少一点时间了。马克思一家来不及做任何准备，只得匆忙启程。那是一个春雨淅沥的阴冷天，微风轻拂，阵阵寒意涌向马克思夫妇的心头，他们被武装押解到同法国接壤的边境，没有回头望一眼这不近人情的国度就进入了法国的境内。在他们身边除了3个哭哭啼啼的小女孩和满脸愁云的琳蘅之外，再没有什么其他可带走的了。后来他们所有的家什用品，都由暂留在布鲁塞尔的恩格斯负责寄运到法国巴黎的。燕妮在她的回忆录里曾这样地描写着当时凄惨的一幕。她写道："……我们费了很大的劲，才把几个孩子偎暖了，他们当中最小的一个刚满1周岁。"

↑ 1845年的巴黎

如今，马克思又经历了同样的命运，再一次遭到法国政府的驱逐。虽然只是让他限期离开巴黎，当局还"客气地"向他提供了一个避难的地方，请他到法国的西北部的摩尔比安省去。摩尔比安当时是一个气候恶劣、到处都是沼泽地的地区，而且那里疟疾正在流行。马克思一家本来经济状况十分拮据，全家人营养不良，又体弱多病，如若同意法国政府的这个决定，无异于同意他们"变相谋杀"的图谋。恩格斯等马克思的好朋友，也力劝马克思一家不要采取这一危险的步骤。无奈，马克思选择了伦敦这一他并不十分情愿的去处。继马克思先期到达伦敦的半个月后，他的妻子和家人于9月15日抵达伦敦。

当远航的轮船将燕妮等人运载到陌生的泰晤士河畔的伦敦之时，正是这座古城的初秋季节。阴沉沉的天空笼罩在一片浓雾之中，死气沉沉的庞大建筑挂满

←燕妮·马克思与大女儿燕妮

了煤烟色的尘灰，大街上偶尔驶来一辆充满笑声的轿式马车，似乎给人一点热情的感觉，可转眼间又消失在远处的雾色之中。过往行人仿佛早已习惯了这里的一切，可在燕妮与孩子们看来，伦敦的世界是那样的冷漠。也许他们还不知道，这仅仅是她们贫困流亡生活新阶段的开始，他们面对的是新的艰难的人生旅程。

马克思一家虽然团聚了，可当时一家六七口人，既没有积蓄，也没有固定的收入。在这繁华富裕的英国首都里，他们继续承受着极端贫困的威胁。

直到1851年春天，马克思总算找到了一份比较适合自己的工作。即每周给美国一家进步报纸《纽约每日论坛报》写两篇文章，但得来的稿费只有两个英镑。这点微薄的收入仍不能驱散笼罩着他整个家庭的阴霾愁云。

马克思缴纳不起昂贵的房租，只得住在条件很差的房子里，还不得不一再搬迁。最初他们全家寄居在伦敦西南郊的只有一个小套间的房子里，可不久因拖欠房租被赶了出来。燕妮在给马克思的朋友的一封信中对这一时期的凄苦生活进行了具体地描写。她说："由于我们手头没有钱……于是来了两个法警，将我们不多的全部家当，甚至连我那可怜的孩子的摇篮以及眼泪汪汪地站在旁边的女孩子们的比较好的玩具都查封了。他们威胁说两个钟头以后要把全部家当拿走。那时忍受着乳房疼痛的我只有同冻得发抖的孩子们睡光地板了。"后来马克思一家几经辗转,搬到了条件更差的索荷区第恩街28号。这里只有两个房间,十分狭窄,前面一间既是书房,又是会客的地方,后面一间就是全家的卧室。马克思全家在这里一住就是6年,直到1856年燕妮得到了她母亲的一笔遗产,才迁居到一幢较为大的房子,居住条件略有改善。

　　住房问题的确耗去了马克思不少的精力,而更使马克思忙于应付的是全家生计问题,虽然无固定收入,但为了使全家能活下去,继续从事理论研究工作,马克思不得不从小店老板那里赊欠肉、蛋、面包和蔬菜等,有时只好把自己的上衣典当掉。当马克思的一篇

←马克思纪念币

重要的文章的手稿寄往北美时，甚至连鞋子都不得不因此送进当铺。尽管如此，他还在附信中以十分幽默的口气说："小册子的作者因无裤子鞋子而被囚禁在家中，他的一家人过去和现在每分钟都受到确实极端贫困的威胁。"马克思经过艰苦认真的研究写成的《政治经济学批判》，在燕妮最后誊写完毕后，却"不能寄走，因为身边连一分钱也没有"。

贫困的流亡生活不仅销蚀了马克思的大量时间和才智，也严重地危及了他和全家人的身体健康。马克思身患多种疾病，燕妮、琳蘅和孩子们也经常卧病不起。1850年11月19日，体弱多病、刚满周岁的小男孩格维多出生不到一年就被病魔夺去了幼小的生命。1852年4月14日，马克思夫妇小女儿弗兰契斯卡，也只在刚过周岁生日后成了家庭生活困难的牺牲品。当时马克思穷得连棺材也买不起，幸好有善心的邻居的帮助才把她埋葬了。可是时过3年，又一件不幸的事落到了马克思的头上。全家最宠爱的"穆希上校"即马克思9年的儿子埃德加，也被无情的疾病折磨死了。这接连不断的沉重的打击的确是马克思夫妇难以承受的，他们的精神受到了极大的刺激，一家人悲痛的情形实难用语言加以形容。

在马克思一家处于贫困患难的境地的时候，恩格

斯总是给以无私的援助。他曾说："我应当尽一切力量来帮助马克思，使他能为劳动者谋幸福。"他用自己有限的收入经常把一张又一张汇票从曼彻斯特寄到伦敦的马克思家里，他甚至还利用工作之余的

马克思、恩格斯及马克思的女儿燕妮（右）、劳拉（左）和曼琳娜

有限时间，将马克思用德文写成的文章翻译成英文，及时予以寄出。当马克思能流畅地用英文写作时，为了让马克思有更多的时间研究政治经济学，早日取得丰硕成果，恩格斯干脆代替马克思为有关报刊撰写定期文章。这一切都使马克思深为感动和不安。他在信中对恩格斯说："我的良心经常像梦魇压着一样感到沉重，因为你的卓越才能主要是为了我才浪费在经商上面，才让它们荒废。"

"患难见真情。"马克思的一家在贫困的年代里究

现代人类的导师　**马克思**

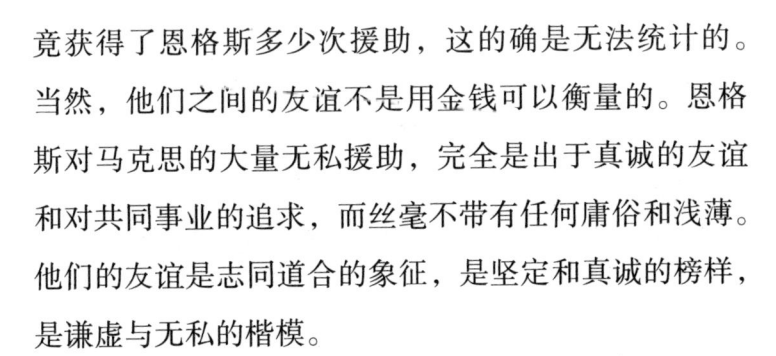

竟获得了恩格斯多少次援助，这的确是无法统计的。当然，他们之间的友谊不是用金钱可以衡量的。恩格斯对马克思的大量无私援助，完全是出于真诚的友谊和对共同事业的追求，而丝毫不带有任何庸俗和浅薄。他们的友谊是志同道合的象征，是坚定和真诚的榜样，是谦虚与无私的楷模。

生活的贫困和岁月的艰难，始终没有征服马克思的钢铁般的意志，目标既然已定，他就要不惜任何代价地走下去，直到生命的最后一刻。他曾这样写道："为了革命斗争，我忍受了一切困苦，我并不为此感到遗憾，相反，假如我需要重新开始自己的生活道路，那么我还是会这样做的。"

马克思就是这样一位意志坚定、一往无前的思想家。

→ 马克思及家人的墓

经过千辛万苦写成的书

> 如果我贡献给劳动者的东西有点不够尽善尽美的话,那就是一种罪过。
> ——马克思

1867年8月的一个深夜,紧张工作了一天的人们早已进入梦乡,可在伦敦梅特兰公园路马克思寓所里,还亮着灯光,只见他面带倦色,但却神情贯注地在认真校对一部巨著的清样,并不时地在上面勾画着。当最后一页从他眼前移开时,时钟刚好敲了两下。虽然已是深夜两点钟了,他还是怀着激动的心情又在给恩格斯写信,让自己最亲密的朋友一起分享这胜利的喜悦。

马克思在信上这样写着:"亲爱的弗雷德:这本书的最后一个印张(第49印张)刚刚校完。……序言也已校完并于昨日寄回。这样,第一卷就完成了。其所以能够如此,我只有感谢你!没有你为我作的牺牲,我是绝不可能完成这3卷书的巨大工作的。我满怀感激的心情拥抱你!"这部巨著就是被称为工人阶级"圣

现代人类的导师 **马克思**

←大卫·李嘉图

经"的《资本论》。

马克思为写《资本论》倾注了全部的政治热情，付出了无比艰辛的劳动。一部《资本论》凝结了他将近40年的心血。

早在40年代初担任《莱茵报》主编的时候，马克思就开始研究经济理论。以后几年中，他又系统地研究了政治经济学。仔细阅读了英国古典政治经济学家亚当·斯密和大卫·李嘉图等人的许多著作，并做了大量的读书笔记。一些阶段性成果相继问世。

1848年欧洲革命失败后，马克思流亡到了伦敦。那时候，他的生活条件都是非常艰苦的，但他始终顽强刻苦地从事理论研究工作。因为马克思清楚地认识到："科学绝不是一种自私自利的享乐。有幸能够致力于科学研究的人，首先应该拿自己的学识为人类服务。"

那时，英国是典型的资本主义国家，伦敦是资本主义世界的中心。而伦敦的大英博物馆，又是世界上

思想家卷 081

最大的博物馆之一。博物馆除了收藏许多珍贵的文物古董以外，还收藏着大量的图书资料，并开辟了一个阅览室。

阅览室是一间结构别致、宽敞明亮的大型圆锥体建筑。四周有环形的大书架，正中是环形的图书目录柜，从目录柜向四周伸展出一排排长桌和座椅，供读者使用。这里成了马克思从事理论研究工作理想的场所。马克思通常早晨9点钟来到阅览一些书籍，边看边做读书笔记，一直到晚上7点钟才回家。吃完饭后又埋头在书房里整理笔记，进行写作，直到深夜。

马克思在大英博物馆阅览室学习数年如一日。无论是刮风下雨、酷暑严寒，他都是准时到那里去，并坐在D行第2号座位上，以致阅览室的工作人员都非常熟悉这个特殊的座位了。

一天早晨，一位新来的读者借来了一本书正想到D行第2号座位来阅读。图书馆的一位工作人员走

←亚当·斯密

现代人类的导师 **马克思**

过来对他很客气地说道:"先生,这是马克思博士的座位,请您不要占用,他马上就会来的。"那个读者听后一愣,十分不解地问道:"这位马克思可就是《共产党宣言》的作者,卡尔·马克思吗?""是的。"这位图书馆工作人员做了肯定的回答。"那么你能确信他今天会来吗?""请放心,多少年来,马克思博士每天到这都是足足工作10小时。我在这里已经工作20年了,我很了解这位特殊读者。"那位读者听了这一席话以后,以敬佩的目光,望了望马克思座位上放的足有50多种不同的书籍,然后慢慢地走开了。

马克思读书的时候有一个习惯,即当他专心致志地研读时,常常情不自禁地在座位下来回移动双脚,日子一长,竟把脚下的水泥地面磨去了一层,因此在

→ 英国伦敦大英博物馆

思想家卷 083

那里至今留着马克思的"脚迹"。

马克思写作《资本论》的过程，是一个艰难的探索过程。为了使整个工作得以有效地开展，他总是兢兢业业地做材料准备工作。1843年，马克思25岁时开始进行政治经济学的研究工作，直到1857年近40岁的时候，才动手写作他的第一部政治经济学著作《政治经济学批判》。在这以前的15年里，他千方百计地收集了大量的资料，并从浩繁的经济学文献中作出的摘录，约有200个印张之多。但这只不过他是写作《资本论》准备工作的开始。

为了写好《资本论》中关于英国劳工法的20多页的内容，马克思曾把大英博物馆中载有英格兰与苏格兰调查委员会和工厂视察员报告的蓝皮书都仔细地研究过。这些蓝皮书的篇幅是非常大的，以至于英国有议会议员们竟常常把它们当作手枪射击的靶子，用子弹穿透的页数来测量他们武器的威力。这些不被重视的"靶纸"虽然在资产阶级议员那里得不到应有的重视，但马克思却从它们当中获得了研究资本主义生产方式大量有价值的资料。

凡是后来读过《资本论》的人，抛开其政治观点不论，仅就其通篇内容中体现出的作者特有的深邃思想、广阔视野和严谨的文风，都无不予以中肯的评价。

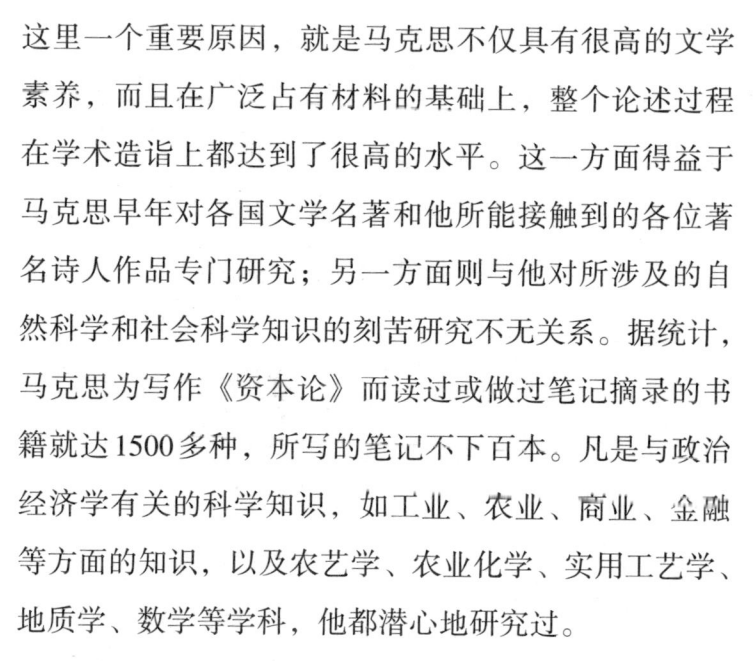

这里一个重要原因，就是马克思不仅具有很高的文学素养，而且在广泛占有材料的基础上，整个论述过程在学术造诣上都达到了很高的水平。这一方面得益于马克思早年对各国文学名著和他所能接触到的各位著名诗人作品专门研究；另一方面则与他对所涉及的自然科学和社会科学知识的刻苦研究不无关系。据统计，马克思为写作《资本论》而读过或做过笔记摘录的书籍就达1500多种，所写的笔记不下百本。凡是与政治经济学有关的科学知识，如工业、农业、商业、金融等方面的知识，以及农艺学、农业化学、实用工艺学、地质学、数学等学科，他都潜心地研究过。

为了写好《资本论》中关于地租的内容，他还特意研究了上古史、农业史以及美国和俄国的农业状况。有时，为了从实践上吸取丰富的经验，马克思经常带着理论上的疑点，到工人群众中去做调查研究，或是向有实践经验的恩格斯去求教，乐于倾听不同的意见。正如他自己所说的那样："任何的科学批评的意见我都是欢迎的。"正因为如此，他能够取得惊人的研究成果是不足为奇的。恩格斯后来对马克思这一点给予了很高的评价。他在马克思逝世后的葬礼上的讲话中曾这样说过，马克思"在所研究的每一个领域（甚至在数学领域）都有独到的发现，这样的领域是很多的，而且其中任何一个领域他都不是肤浅研究的"。

在写《资本论》的那些年代里,马克思遇到的困难是难以想象的。反动政府不断地迫害他;资产阶级御用学者们经常诬蔑他、攻击他;贫困的生活打扰他,而各种疾病又无情地折磨他。由于过度劳累,他经常是病魔缠身,但因经济困难却得不到及时的医治。医生和朋友们嘱咐马克思一定要及时吃饭,按时休息,保证充足的睡眠时间;要多进行户外活动,呼吸新鲜空气。可是马克思只要病体稍微好转一些,就立即投入紧张的研究工作中,又是通宵达旦地埋头写作。至于那些善意的规劝,早就被忘却了。马克思曾诙谐地对友人说,我们在为工人们争取8小时工作制而斗争,可是我们自己的工作时间却往往两倍于此。在另一封致朋友的信中马克思又写道:"为了它,我已经牺牲了我的健康、幸福和家庭。"但他又坚定地表示,哪怕是"整个房子塌下

← 德语版《资本论》

来压在我的头上，我也要完成这部著作"。

对于《资本论》的最后加工，马克思更是精益求精，力求尽善尽美。马克思一向反对粗制滥造的东西，每一处都要字斟句酌，反复推敲，努力实现内容与形式的完美结合，思想性和艺术性的有机统一。尽管这样，他还总是觉得文字表达仍没有达到思想的高度。对于马克思这种一丝不苟的精神，与马克思接触过的人都有深刻的印象。法国工人党的创始人之一、马克思的女婿拉法格曾回忆说："他决不出版一本没有经过他仔细加工和认真琢磨过的作品。他不能忍受把未完成的东西公之大众的这种思想。要把他没有作最后校正的手稿拿给别人看，对他是最痛苦的事情。他的这种感情非常强烈，有一天他向我说，他宁愿把自己的手稿烧掉，也不愿半生不熟地留于身后。"

事实上，从1863至1865年，马克思就写完了包括剩余价值学说史在内的多达200万字的《资本论》全部草稿。可是马克思认为，它还不能拿去出版。马克思在1866年2月给恩格斯的信中说："我正好于1月1日开始誊写和润色，工作进展得非常迅速，因为经过这么长的产痛以后，我自然乐于舔净这孩子了。"恩格斯考虑到马克思的经济状况，曾经劝马克思不要过分拘泥于细节，争取早日出版《资本论》第一卷。向来尊重恩格斯意见的马克思，这次却例外地没有接受。他对恩格斯解释说："……我不能下决心在一个完整的东西还没有摆在我面前时，就送出任何一部分。不论我的著作有什么缺点，它们却有一个长处，即它们是一个艺术的整体；但是要达到这一点，只有用我的方法，在它们没有完整地摆在我面前时，不拿去付印。"这样，仅仅为了进行风格上的精雕细刻和推敲个别部分，又花去了马克思一年多的宝贵时间，直到1867年4月10日，马克思才将最终定稿的《资本论》第一卷亲自送到德国海港城市汉堡付印。

《资本论》第一卷的公开出版，引起了整个经济学发展史上的一场空前的革命。马克思在这部巨著中，

← 伦敦大英博物馆中庭

现代人类的导师 **马克思**

从资本主义社会的最基本细胞即商品的分析入手，循序渐进、由浅入深地剖析了它的两重性，即使用价值和交换价值的矛盾。接着他又分析了资本主义社会的特殊商品——劳动力。马克思令人信服地指出，劳动力在使用过程中，能够创造出超过它自身价值的价值，即剩余价值。资本家正是凭借他所占有的生产资料，雇佣工人为其进行商品生产，从中攫取他们创造的那部分剩余价值。这样一来，资本家剥削工人的秘密就暴露无遗了。在此基础上，马克思又通过对商品的生产过程和交换过程中矛盾的进一步分析，指出了资本积累及其历史趋势，进而指出了生产的社会化同生产资料私人占有这一资本主义社会的基本矛盾及其运动规律。最后合乎逻辑地得出结论：随着资本主义的发展，这个矛盾的日益尖锐，终于达到了同它的资本主义外壳不能相容的地步，"这个外壳就要炸毁了。资本主义私有制的丧

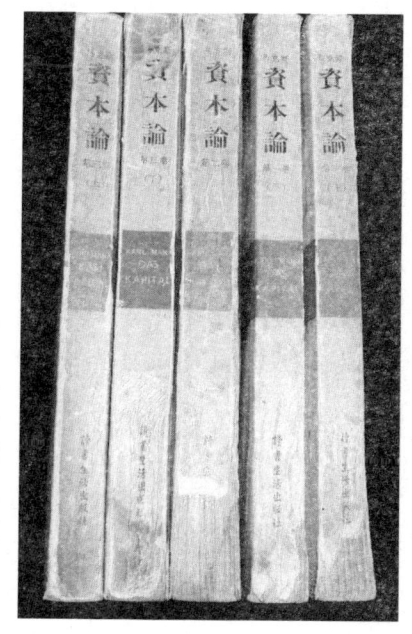

→中文版《资本论》书影

钟就要响了。剥夺者就要被剥夺了。"

马克思的《资本论》犹如一把利箭，剥开了罩在资本主义社会表层上的种种迷人的面纱，使工人阶级逐渐看清了它的本来面目，从而为他们进行反对资本主义的革命斗争，提供了最有力的思想武器。所以，马克思自己对这部著作给予了一个恰当的评价，说它"无疑是射向资产者（包括土地所有者在内）脑袋的最厉害的炮弹"。

《资本论》的确是马克思经历千辛万苦写成的书。当《资本论》第一卷法文版准备出版的时候，曾为它的问世倾注了几十年心血的马克思特意为它写了一篇意味深长的序言。他深有感触地告诉读者："在科学上没有平坦的大道，只有不畏劳苦沿着陡峭山路攀登的人，才有希望达到光辉的顶点。"这是马克思对科学研究的经验总结，更是他一生从事科学研究的生动写照。

《资本论》第一卷出版以后，马克思曾想很快地完成第二卷、第三卷手稿的整理和出版工作。但这一愿望却没有实现。这一方面是因为国际总委员会的事务占去了他许多时间，另一方面是由于马克思一心要把这其余几卷修改得更加完美，而他自身的健康状况致使他无力实现自己宏大的研究计划。马克思逝世以后，他的亲密战友恩格斯按照马克思的原则和

现代人类的导师　**马克思**

←纪念马克思逝世一百周年藏书票

方法，又经过了十几年的辛勤工作，分别于1885年和1894年整理出版了《资本论》第二卷、第三卷。列宁后来对恩格斯这一贡献作了高度评价。他说："恩格斯出版了《资本化》第二卷和第三卷，就是替他的天才朋友建立了一座庄严宏伟的纪念碑，在这座纪念碑上，他无意中也把自己的名字不可磨灭地铭刻上去了。"

活到老，学到老

> 任何时候我也不会满足，越是多读书，就越是深刻地感到不满足，越感到自己知识贫乏。
>
> ——马克思

马克思的一生，是战斗的一生，也是学习的一生。他从小勤奋好学，志向远大。无论是春风得意的大学生活年代，还是颠沛流离的艰难困苦的岁月，他都充分有效地利用一切时间，孜孜不倦地看书学习。他的学习有四个基本特点：一是目的性强。他总是根据实际需要，有目的地学，学以致用；二是涉及面广。他博览群书，纵横古今，不管是社会科学，还是自然科学，只要有用，他都积极涉猎；三是刻苦钻研。他读书时非常投入，专心致志。凡是他读过的书，他都认真地记笔记，或进行边注、眉批；四是持之以恒。马克思把学习当作自己终生的任务，从不白白地浪费一个钟头的时间，善于把握一切机会增进自己的知识。

正因为如此，马克思才成为举世公认的伟大的思

现代人类的导师　马克思

想家，科学社会主义的创始人。

有人说，马克思有一种特殊的"天才"。这话虽有一定的道理，但以此来概括马克思渊博的知识和出众的才华，并不科学，也不符合马克思终生进取的实际。历史上，大凡对人类做出过杰出贡献的人物，他们几乎都无不是极其勤奋好学的人。大发明家爱迪生就说过"所谓'天才'，百分之一的灵感，百分之九十九的汗水。"他这种经验之谈，虽然未必能概括出每一位杰出人物的实际，但它起码道出了一个朴素的真理，那就是："天才出于勤奋。"卓越的才能来自过人的勤奋，这完全适用于马克思。

如前所述，马克思在中学期间就是一个异常勤奋用功的学生。他不仅学习成绩优异，成为同侪中出类拔萃的佼佼者，而且抱负远大，志向宏伟，表现出了常人少有的毅力和拼搏精神。在大学期间，他曾以极大的兴趣，阅读了大量的哲学著作，常常因用功过度而病倒。一次在生病

→ 奋笔疾书的马克思

期间，他还趁机把大哲学家黑格尔的著作，从头到尾地研究了一遍。后来他之所以能够超越黑格尔，创立起全新的马克思主义哲学体系，恐怕与他对黑格尔哲学透彻的研究不无关系。但过了30年后，当资产阶级的思想界把黑格尔哲学遗产说得一钱不值之时，马克思却特意公开声明："我是这位大思想家的学生。"尽管马克思在柏林大学学习期间未能亲自与黑格尔谋面，可他对通过学习黑格尔哲学所受的启迪，却是无法忘怀的。

毫无疑问，马克思大学毕业所达到的学术水平，足以能够支撑起他前半生的理想的风帆，可他并没有因此而止步不前。他走向社会以后更加刻苦学习，更珍惜每一个丰富自己的机会。无论是在理论上还是在实践经验方面，他只要发现自己知识不足，就立即像小学生一样努力去钻研。他在给恩格斯的一封信中，就如实地反映了这方面的情况。他告诉恩格斯说："在制定政治经济学原理时，计算的错误大大地阻碍了我，失望之余，只好重新坐下来把代数迅速地温习一遍。算术我一向很差。不过间接地用代数的方法，我很快又会计算正确的。"

1857年，年近40岁的马克思，在研究了英国古典政治学家的大量著作，并准备了200个印张的写作材料的基础上，才敢于动手写作他的第一部政治经济学著作《政治经济学批判》，在这之前他不惜花费了15年的学习时间。即使是这样，他还是不放过任何一本最有参考价值的最新书籍。当时伦敦出版了一部《通货简史》，马克思只在一份杂志上看到了这本书的摘引，觉得它是研究政治经济学不可不读的书籍。于是他就让他夫人去购买这本书。由于他们当时经济非常困难，买书的钱根本无法凑足，只好向他的好友恩格斯求援。他在给恩格斯的信中说："我的理论良心不允许我不读这本书就写下去。"

马克思不仅自己勤奋学习，而且还在革命处于低

→李卜克内西纪念币

← 伦敦塔

潮的年代里，鼓励和引导他身边的同志努力学习，广泛地吸收各种有用的知识，掌握理论武器。1850—1851年马克思开办过一个讲习班，参加学习的大都是流亡在英国的德国革命者。其中比较有影响的有李卜内西、威廉·沃尔弗、埃卡留斯、列斯纳、施拉姆等，马克思在讲解政治经济学的一些原理时，差不多是"强迫"他们学习，而且严格检查他们的学习效果。李卜克内西后来回忆说："学习！学习！这就是他经常向我们大声疾呼的无上命令；他自己就是这方面的榜样，你只要一见这位伟大的智者永不停息的顽强的学习精神，也会有这样的感觉。当其他流亡者日日夜夜计划着怎样推翻世界，而且以'明天就开始'这种麻醉剂使自己陶醉的时候,我们这些'暴徒'……却坐在大英博物馆里,努力积累知识,为未来的战斗准备武器。"在马克思的积极引导下,也是在他自身榜样力量的鼓舞下,马克思的战友和学生们都能充分利用各种间歇时间刻苦学习,成为著名的国际工人运动的活动或骨干力量。

要从各个领域里吸取广博的知识,不但要有顽强的毅力,而且还要借助于语言这个重要的交际工具。马克思所以能够阅读几乎是欧洲各国的书籍,能用德、英、法3种文字进行写作,与他刻苦学习外语是分不开的。马克思常说:"外国语是人生斗争的一种武器。"不懂得各国语言,就不能吸取各国文化的精髓。所以,他总是以坚韧不拔的精神努力学习各种外国语。1848年革命以后,马克思住在伦敦,当时他的英语阅读能力已相当高了,但为了使自己的英语达到完善的程度,他还曾把英国大作家莎士比亚特殊风格的词句都收集起来并加以分类,进行学习。

马克思开始学习俄语的时候,已经51岁了。他在给朋友的一封信中说:我发觉自己有刻苦学习俄语的必要。因为在研究土地问题时,就不可避免地要从原文资料中去研究俄国的地产关系。

马克思当时学习俄语是非常顽强的。那时他正

患痛，可他不顾病痛，仍然不倦地学习。在不到一年的短短时间里，他就基本上掌握了俄语，并能自由地阅读俄文书籍了。马克思在总结学习俄语的经验的时候，曾深有感触地说："成绩是要付出努力才取得的。像我这样年纪的人，为了学会与古典语、日耳曼语和罗曼语截然不同的语言，是要下一番功夫的。"在巴尔干战争期间，他曾准备学习阿拉伯语和土耳其语。

马克思这种勤奋学习的精神，一直保持到他的晚年。在他生命的最后几年，除了患病和疗养外，大部分的空闲时间他都用在看书学习和理论研究上面了。

他学习了大量的世界史，研究了法国18世纪末的

← 伦敦泰晤士河畔

← 索尔兹伯里主教的教堂

资产阶级革命，阅读了有关这方面的书籍，并作了详细的摘录；他研究了英国和荷兰对印度尼西亚，英国对北爱尔兰和印度的殖民统治，编写了内容包括几个世纪的《印度史编年摘录》；他研究了俄国沙皇政府的专制统治，作了有关17世纪俄国农民运动史的摘录。他还编写了古罗马奴隶起义的年表，阅读了各国史学家写的《意大利人民史》《俄国和彼得大帝历史》《埃及的财政》《佛罗伦萨史》《英国史》《英国和爱尔兰的新教改革史》《斯切潘·拉辛起义》等大量著作。在1881年底至1882年底的短短一年时间，他写了厚厚四大本包括公元前1世纪初到公元7世纪中叶历次重大事件的世界史札记。后来恩格斯整理了这些札记并题名为《编年摘录》。

为了继续写作《资本论》，弄清土地关系和地租的起源，马克思不顾年老体弱多病，夜以继日地查阅了各种参考书籍，收集了大量的有关材料。他全面研究了世界各个民族的土地所有制的产生和发展情况，查阅了德、俄、英、法、意等国历史学家的有关著作。像德国学者格·毛勒的《德国马尔克制度史》等著作，马克思就反复读了好几遍。他在阅读时写了大量的札记和读书心得，得出了公社是一种最古老的社会制度、一种最普遍的社会形式的看法。

←英国19世纪就成为世界上最先进的工业化国家

现代人类的导师　**马克思**

1877年，美国学者摩尔根的著作《古代社会》出版了，这引起了马克思的注意。他认为该书可以为他和恩格斯创立的唯物主义史观提供新的事实依据。1880年底至1881年初，马克思对该书做了详细摘要，并重要加以整理。对这本书的学习，使马克思修正了对原始社会历史的看法，确认了阶级斗争的真正开始的时代。

→笛卡尔

马克思晚年对数学，特别是高等数学仍然有着浓厚的兴趣，并从未间断过这方面的研究。这一方面是因为他从青年时代起就对数学有特殊的爱好，平时经常演算数学题，甚至以此作为解除疲劳的休息方式或心情不愉快时的解闷办法；另一方面是因写作和研究上的需要。因为数学与哲学、辩证逻辑有许多相通之处，特别是在经济学的研究中，经常需要进行复杂的运算。例如1875年5月至8月间，马克思就作了无数次例证剩余价值率和利润率的差数计算，这些计算后

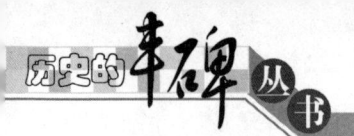

来成了《资本论》第三卷第三章《利润率和剩余价值率的关系》的基础。正是根据亲身感觉，马克思明确地指出："一种科学只有成功地运用数学时，才算达到了真正完善的地步。"

1878年，马克思已是60岁的老人了，可学习劲头仍不减当年。从这年起，直到逝世前，他专心系统地钻研代数学，研究并摘录了拉克鲁瓦、麦克劳林、欧勒、波茨的论文，在专门的笔记本上写了大量的札记。

与此同时，马克思还细致地研究了古典数学家笛卡尔、牛顿、莱布尼茨等人的著作，继续探讨60年代就开始的数学分析，阅读了数学分析和高等代数等许

←伦敦大英博物馆阅览室

多大学数学专业的教科书,并对索里、布沙尔拉、欣德、霍尔、赫明等人的著作进行了摘录。

80年代初,马克思在学习和研究的基础上写出了《论导函数概念》《论微分》等数学论文。这时他的好友恩格斯正在写作《自然辩证法》,为此马克思把《论微分》这篇文章献给了恩格斯。他在存放手稿的封袋上清楚地写这样4个字:"给弗雷德"。

恩格斯看了马克思写的论文和札记,认为他在数学方面很"精通",在这个领域也有"独到的发现"。恩格斯在一封寄给马克思的信中风趣地说:"你无须害怕在这方面会有数学家走在你的前面。"马克思对数学的研究虽然还不能与他对经济学和哲学研究相提并论,但一位已经在社会科学研究领域取得了巨大的历史性成就的伟大思想家,能够在自然科学领域有所建树,的确是难能可贵的,尤其是像马克思这样年岁已高、疾病缠身、一直在地狱的门口徘徊的人。

马克思就是这样一位活到老学到老的一个伟大的

↑ 1867年马克思写给恩格斯的感谢信

←斯莫尼尔广场上的马克思雕像

思想家。他的一段名言也许是他一生追求的真实写照：

在科学的入口处，正像地狱的入口处一样，必须提出这样的要求：
"这里必须根绝一切犹豫；
这里任何怯懦都无济于事。"

现代人类的导师 **马克思**

英名永垂不朽

> 劳动一日,可得一夜的安眠;勤劳一生,可得幸福的长眠。
>
> ——达·芬奇

长期为无产阶级解放事业辛勤操劳的马克思,到了70年代末,健康状况愈益恶化。但只要能支撑得住,他就仍然拼命地坚持工作。后来恩格斯在马克思去世后整理他的遗稿时发现,在他的手稿中,"已经够多地留下了他同折磨人的疾病进行顽强斗争的痕迹"。到了1880年夏天,马克思的头痛病剧烈发作,医生让他到兰兹格特休养,严格规定他"不许做任何事情",更不能从事理论研究工作。这使马克思感到十分痛苦和不安。在一次给朋友的信中他曾这样说道:"丧失工作能力对于任何一个不愿当牲畜的人来说,等于宣判死刑。"

然而使马克思尤为焦虑的是他妻子燕妮的病情。近两年来燕妮的肝部一直隐隐作痛,为了不给丈夫增加精神负担,她一直强忍不宣。医生的初诊是肝病,

思想家卷 105

实际上是肝癌。

1881年夏天，马克思陪伴妻子到英国海边小镇伊斯特勃恩休养了一个月，但病情未见好转。燕妮自知病情严重，很想看望一下自己心爱的女儿和小外孙。马克思经过慎重考虑后决定陪她去法国一趟，与那里大女儿及一家人团聚，以便"让她得到这么一次最后的愉快"。7月26日，在忠实的女管家琳蘅的护送下，马克思和妻子来到法国巴黎附近的阿尔让台大女儿燕妮·龙格的家，在那里同日夜想念的女儿、女婿和5个活泼可爱的孩子们渡过了几十天的快乐时光。然而，正当马克思夫妇在阿尔让台获得精神上的短暂快慰之际，他们小女儿爱琳娜得了重病的消息又接踵而至。于是，马克思又不得不托着病体匆忙独自赶回伦敦，为小女儿治病而四处奔波。情况逐渐好转后不久，燕妮也因病重回到了伦敦。

← 1882年的马克思，这是他最后的一张照片。

现代人类的导师　马克思

旅途的劳累，加上照料病人时精神上和体力上的过重负担，马克思自己也病倒了。胸膜炎、支气管炎和肺炎同时发作，病情一度很严重，甚至连马克思自己也觉得差一点要"离开这个邪恶的世界"了。这期间马克思不得不中断同外界的一切交往。

经过医生的精心治疗，在爱琳娜和琳蘅的悉心护理下，到10月底，马克思的病情有所缓和。但不久，重大的不幸又降临了。与马克思患难与共的亲密伴侣燕妮·马克思因久病不愈，于1881年12月2日去世了。她留给马克思的最后一句话是："卡尔，我不行了。"

→ 婚后最初几年的燕妮·马克思

燕妮是一位品德高尚的女性。她对马克思体贴入微，关怀备至；对朋友热情友好，以诚相待。她对婚后与马克思共同度过的近40年清贫生活，毫无怨言，对丈夫的追求非常理解。"艰难困苦是锻炼，爱情是支持"，这是她自我感觉的箴言。恩格斯

思想家卷　107

对她的评价是:"如果有一位女性把别人的幸福看作自己的幸福,那么这位女性就是她。"

燕妮的寂然离去,对马克思来说,无疑是一个沉重的打击。他的心情久久不能平静,思念之情常萦于怀:"如果不承认我的思想大部分沉浸在对我的妻子——她同我生命中最美好的一切是分不开的——的怀念之中,那是骗人的。"他有时不免叹息地重复着过去一个哲学家的话:"死亡对于死者不是不幸,而对生活着的人倒是不幸。"

马克思自己的健康状况也越来越坏了。他又患了胸膜炎、肠胃病。伦敦的冬天常常是浓雾弥漫,这对马克思病体的恢复十分不利。在医生的劝告下,他先到英国南部具有海洋性气候的文特诺尔小岛休养,因气候不适,又到非洲的阿尔及尔疗养。

阿尔及尔本来是个疗养胜地,可是马克思去了之后正赶上那里气候变化异常。白天很热,晚上却很凉,经常是风沙刚过,大雨便接踵而至,使马克思的疗养

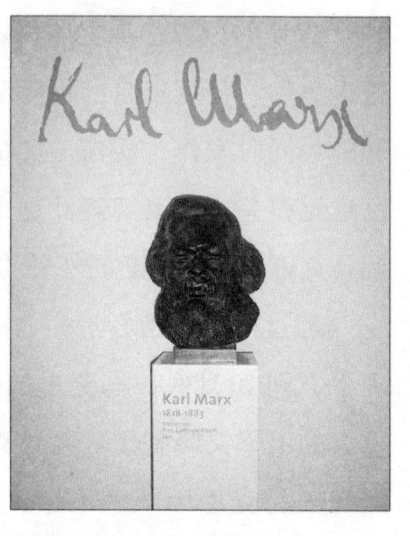

← 马克思故居中的雕像

现代人类的导师　**马克思**

非但未能收到预期效果，反而病情却有所加重。尽管如此，马克思还是利用一切可能的机会，对当地的社会情况作些调查。他的女婿龙格有一位朋友叫费默，在路易·波拿巴统治时期被流入到阿尔及尔，后来当上了当地民事法庭的法官。马克思经常同他接触、交谈，通过他了解了许多关于殖民主义者在阿尔及尔对当地居民进行殖民统治的情况。

5月初，当马克思胸膜炎稍好一些后，就离开了阿尔及尔，到法国的蒙特卡罗、阿尔让台和瑞士的斐维等地作短暂休养。10月初，马克思的健康有所恢复，他又返回伦敦。10月底，马克思再次来到英国南部海滨小岛文特诺尔小住。他一面疗养，一面进行《资本论》第一卷德文第三版的出版准备工作。

就在马克思在文特诺尔疗养期间，1883年1月11日，又一个可怕的消息传来：年仅38

→中文版《马克思传》书影

思想家卷　109

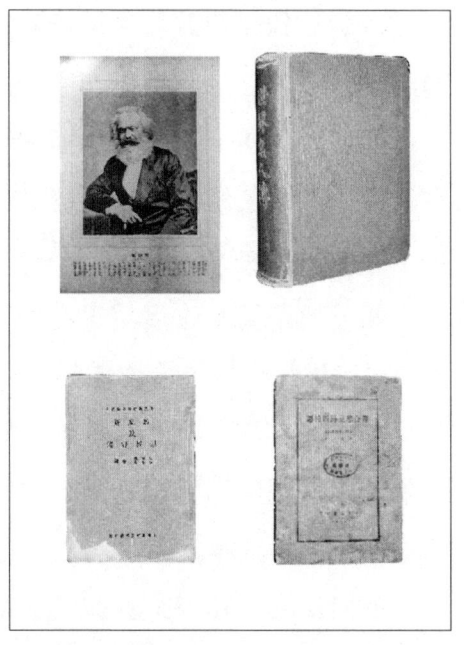

岁的大女儿燕妮突然因病去世。心爱的女儿过早离开了人世，又使马克思受到了致命的打击。他内心的痛苦简直无法抑制，第二天马克思回到伦敦。起先是患支气管炎，接着并发了喉头炎，肺部也出现了脓肿现象。从此，他完全病倒了，连食物也无法下咽。平常马克思最不喜欢喝牛奶，但这时也只好勉强地喝一点。

←早期中国出版的马克思传记

　　3月初，在爱琳娜和琳蘅的护理下，马克思最严重的症状几乎已经消失，仿佛出现了痊愈的希望。然而这是一种回光返照的假象。

　　在马克思病重的日子里，恩格斯总是天天来看望他。恩格斯把伦敦最有名的医生请来为他会诊，并亲自研究了一切有关治疗肺部疾病的书籍。每天下午，当恩格斯从瑞琴特公园路自己家里走到梅特兰公园路的拐角处，来到马克思住所的半圆形花坛时，总是提心吊胆地望一望马克思房间的窗子，看看是否有什么异常的现象。

3月14日那天，马克思早晨醒来后感觉比以前好一些。他高兴地喝了点葡萄酒和牛奶，还喝了几口汤。全家人都为此而高兴。之后又把马克思搀扶到安乐椅上休息，因为坐着还感到舒服一些。

这天下午，恩格斯照例前来探望。女管家琳蘅下楼来给恩格斯开门，并轻声告诉恩格斯说，她刚上过楼，看到马克思快要睡着了，让恩格斯赶快去看看。当恩格斯等人急匆匆地来到马克思跟前时，他们担心的事情终于发生了。马克思，这位世界无产阶级的革命导师，在走完了人生65个艰难岁月之后，已经坐在他往日勤劳工作的安乐椅上，安详地睡着了，而且是永远地睡着了。此时的时钟正是下午2点3刻。

看到眼前的情景，曾经与马克思患难与共、并肩战斗一生的恩格斯，内心的痛苦的确是难以用语

←马克思故居中的展示

言表达的。马克思溘然辞世，使恩格斯失去了一位伟大的战友，世界无产阶级失去了一位伟大的导师。他怀着极其沉重的心情把这一噩耗转告给马克思的至亲好友，并用函电向各国社会主义者发出讣告。

恩格斯在当天给威廉·李卜克内西的信中说："虽然今天晚上我看到他仰卧在床上，面孔也永远不动了，但我仍然不能想象，这个天才的头脑不再用他那强有力的思想来哺育两个半球的无产阶级运动了。我们之所以有今天，都应归功于他；现代运动当前取得的一切成就，都应归功于他的理论的和实践的活动；没有他，我们至今还会在黑暗中徘徊。"

3天后，即3月17日，在伦敦西北郊的海格特公墓里为马克思举行了隆重而又简朴的葬礼。参加者除

现代人类的导师　**马克思**

↑印有马克思头像的100马克

了马克思的亲属外，只有几位老朋友：恩格斯、威廉·李卜克内西、弗里德里希·列斯纳、格奥尔格·罗赫纳、哥特利勃·雷姆克以及自然科学界的两位权威人士：动物学教授雷伊·朗凯斯特和化学教授卡尔·肖莱马。墓地上摆放着两只由《社会民主党人报》编辑部、伦敦共产主义工人教育协会敬献的花圈，花圈上系着醒目的长条红色绸带。

马克思遗体被安葬在公墓的一个人行横道南侧他夫人安息的墓穴里。墓地上没有高大的纪念碑，也没有特殊的装饰物，只有一小块斜躺着的墓碑，上面刻着去世者的姓名和生卒年月。一个星期后，他的外孙昂利·龙格去世；7年后，他的管家琳蘅病故，他们也被安葬在这里。这样，马克思的墓事实上就成了他一家4人的合墓。

在安葬仪式上，恩格斯首先发表了极其动人的演说，对亡友的一生作了非常中肯的评价。他说，马克思的逝世"对于欧美战斗着的无产阶级，对于历史科学，都是不可估量的损失。这位巨人逝世以后所形成的空白，在不久将来就会使人感到。"他用精练的语言概括了这位科学巨匠对人类的贡献，指出唯物主义历史观和剩余价值理论是马克思的两个伟大发现。"一生中能有这样两个发现，该是很够了。甚至只要能作出一个这样的发现，也已经是幸福的了。"在演说快结束时恩格斯说道："现在他逝世了，在整个欧洲和美洲，从西伯利亚矿井到加利福尼亚，千百万革命战友无不对他表示尊敬、爱戴和悼念，而我敢大胆地说：'他可能有过许多敌人，但未必有一个私敌。'他的英名和事业将永垂不朽！"

接着，马克思的女婿龙格宣读了彼·

←马克思墓

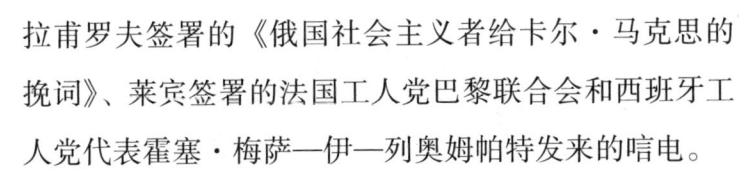

拉甫罗夫签署的《俄国社会主义者给卡尔·马克思的挽词》、莱宾签署的法国工人党巴黎联合会和西班牙工人党代表霍塞·梅萨—伊—列奥姆帕特发来的唁电。

最后，由远道而来的威廉·李卜克内西以德国社会民主党的代表、马克思的战友和学生的身份致辞。他老泪纵横地说道："我们蒙受了沉重的损失，但是我们决不因悲痛而消沉。……我们要化悲痛为力量，遵照已故的伟人战士的意志行动起来；我们要尽全力来早日实现他所教导和向往的事业。这是我们对他的最好的纪念。敬爱的永生的朋友！我们一定沿着你所指点的道路前进，不达目的决不罢休。这就是我们在你灵前的誓词！"

李卜克内西的誓词表达了千百万劳动者共同的心声。1956年，在马克思逝世73周年的时候，由英国共

← 马克思逝世100周年邮票

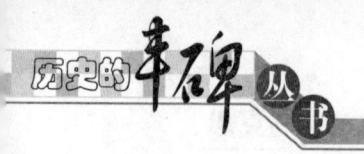

↑苏联1983年3月29日发行的马克思纪念币

产党和进步人士发起、各国捐款为他修建了一座高大的墓碑,我国也参加了捐款筹建工作。墓碑的台座是用浅灰色花岗石砌成的,碑顶端矗立着马克思的半身铜像。墓碑正面上方刻着马克思生前提出的一句口号:"全世界无产者,联合起来!"台座中央镶着一块白色大理石的墓志铭:"卡尔·马克思生于1818年5月5日,卒于1883年3月14日。"在墓志铭下方刻着马克思的一句名言:"哲学家们只是用不同的方式解释世界,而问题在于改变世界。"

马克思的英名和事业是永垂不朽的,他在全世界亿万劳动人民心中所建立的纪念碑,比马克思墓地上的花岗石墓碑还要坚固。